増井香名子
MASUI Kanako

DVと
子ども虐待の
ソーシャルワーク

実践を変える視点と方法

Social Work for Domestic Violence and Child Abuse
Perspectives and Methods for Transforming Practice

日本評論社

はじめに

「DV 被害者支援・女性相談を初めて担当することになった。どう対応したらいいのか」

「DV を受けているなら相手から離れればいいのに」

「せっかく支援した人が自宅に戻ってしまった。もうできることはない」

「子ども虐待の対応で DV ケースが増えている。被害を受けている母親に指導をしているが，それだけでいいのか」

「言っていることは一貫しないし，約束しても面接に来ない。被害者にも問題があるのでは」

「DV による子どもへの影響は理解しているけど，DV はやはり夫婦の問題」

「本当は，加害者にきちんと対応しないと繰り返される。でも，できていない」

「支援をしているクライエントや家族にどうも DV が起こっているようだが，この状況をどう理解すればいいのか」

本書は，DV（ドメスティック・バイオレンス）被害を受けている大人や子ども，その家族に出会う支援者，パートナーに暴力的・支配的な行動をする DV 加害者に出会う専門家が，DV の本質を捉える・捉えなおす「メガネ」をもつこと，そして，DV 被害者の支援，子ども虐待の対応，DV 家庭への介入，さらに DV 被害者である親，DV 加害者である親，子どもの面接場面などで活用できる「引き出し」を増やすことを目的としたものです。

DV 支配の本質を理解しないと，私たちは問題を見誤ってしまいます。それどころか被害者を孤立させ，より無力にしてしまう可能性すらあります。また，被害者の状況を適切にアセスメントしたり，子どもへの影響の実態を

理解したりすることもできません。結果として，大人と子どもの被害者の安全と福祉（ウェルビーイング）を高め，効果的にサポートをすることが難しくなります。

　しかし，DV 支配のメカニズムを捉えるための「メガネ」をかけると，大人と子どもの被害者，その家族に起こっていること，そして，DV は加害者の不適切な行動の選択でありそれこそが問題であることがスッと理解できるようになります。この「メガネ」は，DV 被害者／女性相談支援機関の職員にとっては，日々出会う DV 被害者の状況をつかみ，支援関係を結ぶことに役立ちます。また，DV は児童福祉／子ども家庭機関の職員にとっても身近な問題ですが，DV が疑われるケースに出会った際，加害者の行動パターンや，家族のなかの支配構造を見抜くフレームを頭のなかにもつことができます。そして，見抜いた支配構造に対応し，介入するための具体的な道具，「引き出し」にもなります。

　さらに，この「メガネ」と「引き出し」は，加害者が行う支援機関への操作性に支援者が巻き込まれることを防ぎます。操作性に巻き込まれないことで，支援者は加害性の強いクライエントと健全な支援関係を構築し，大人と子どもの被害者の安全と福祉に向けた取り組みを進めることができます。また加害者に接する機関に所属している場合，加害者に行動の変化を求める働きかけを行いやすくなります。そして，支援者の安全と心理的安全性を高め，バーンアウトの予防にもつながります。

　加えて，DV 支配に対応する「メガネ」と「引き出し」は，DV に限らず，暴力や支配を伴うさまざまなケースの理解や対応にも役立ちます。なぜなら，加害性の強い人が他者を支配しコントロールするときに使う方法には普遍的な特徴があるからです。子ども虐待，障害者虐待，高齢者虐待，近隣者間暴力，パワハラ，セクハラ，親子間暴力，性暴力，詐欺，行きすぎたクレームなど，暴力や支配を伴う多くのケースに支援者や専門家は出会っています。

　本書のタイトルは『DV と子ども虐待のソーシャルワーク』です。筆者はソーシャルワークを「誰もが人権を守られ，安全で安心に，自分らしく生きていくことを支える実践であり，そうした社会を目指す活動の総体」と捉

えています。これは，DVと子ども虐待に関わる際の基本的な価値観であり，目的でもあります。そのためタイトルを「ソーシャルワーク」としましたが，本書では福祉の枠を超え，さまざまな領域で活用できる内容を示しています。したがって本書の対象は，DV被害者支援や女性相談支援に携わる方だけでなく，DV被害を受けたり経験したりした親子や家族に出会っている児童福祉・子ども家庭・教育分野の専門家や，生活困窮者支援，保健医療，警察・司法分野などで広くDV問題に関わる専門家や実践者も含みます。初めて相談に携わる人にとっては基本的な理解ができるようになること，すでに実践を積み重ねてきた人にとっては知識を確認したり新たな視点が得られることを目指しています。この本を読み終わったときに，暴力と支配を理解する「メガネ」と，実際にケースに対応する「引き出し」をみなさんがこれまで以上にもつようになることを期待しながら，本書を書き進めたいと思います。

　また，DV被害を経験している当事者の方に読んでいただけたなら，自分の状況を理解する「メガネ」と，主体性を取り戻す「引き出し」を得られる本であることを願っています。

目次

はじめに ………………………………………………………………………………………… 1

序　章
DV問題に出会う ……………………………………………… 11

DVをみる「メガネ」と支援の「引き出し」…………………… 11

ある事例から
—— Kさんを取り巻く3つのストーリー ……………… 12

現場で出会う被害者・加害者・子ども
—— 支援・介入のターゲットと本書の範囲 …………… 18

本書の構成と用語について ……………………………… 23

目次

<ruby>I<rt>パート</rt></ruby> DV支配の本質的理解 …………… 27

第1章
DV理解の基本 ……………………………………………… 28

DVの特徴 ……………………………………………………… 28
暴力の種類 …………………………………………………… 30
DVのサイクル ……………………………………………… 37

Point of View ❶ 境界線を伝える ………………………… 40

第2章
強圧的コントロールを理解する ……………… 43

強圧的コントロール（Coercive Control）とは ……………… 43
強圧的コントロールによるDV理解の広まり …………… 45
強圧的コントロールの兆候 ………………………………… 46
身体的暴力と強圧的コントロールの関係 ……………… 47
強圧的コントロールの手口 ………………………………… 49
現場で出会う「DV」
―― 状況的暴力と強圧的コントロール ……………………… 54
子どもの経験する強圧的コントロール ………………… 57

Point of View ❷ マイクロマネジメントとガスライティング ……… 59
Point of View ❸ ケンカと支配の違い ……………………… 63

第3章

どのような状況の被害者に出会うのか
―― DV被害者支援のためのステージモデル 66

物理的ステージと心理的ステージ 66

ステージモデルによる被害者理解 68

被害者の経験するプロセス 70

第4章

DV被害者の経験プロセス 76

① 支配－被支配の関係に陥る 76

② DV被害のなかでの生活を継続する 78

③ 離別を決意する 80

④ 離別に向けて行動する 81

⑤ 生活を再構築する 83

⑥ 新たな日常ができ, みずからの人生を生きていく 89

Point of View ❹ 心的外傷後成長(PTG) 94

第5章

加害者との関係を続ける
被害者の支援 97

横断的連携と縦断的連携の重要性 97

AⅠステージの支援 99

BⅠステージの支援 102

支援のポイント
―― 支援者と被害者の時間のズレを理解する・孤立させない 106

第6章
離別に向けた支援 … 109

AⅡステージの支援 … 109
BⅡステージの支援 … 113
支援のポイント
—— 正当なパワーを行使することを支える … 115

Point of View ⑤ 保護命令 … 117

第7章
加害者と離れた後の支援 … 119

CⅠステージの支援 … 119
CⅡステージの支援 … 120
Dステージの支援 … 122
支援のポイント
—— 関係から離れた後の支援の重要性 … 124

Point of View ⑥ トラウマインフォームドケアにつながる
心理教育的支援の実践例 … 126
Point of View ⑦ 心理的・精神的困難へのコーピング戦略 … 129

第8章
被害者の相談・面接の実際 … 131

相談の開始
—— 安心できる環境を整え, 信頼関係を築く … 131
相談の基本姿勢 … 133
相談の展開
—— 構造と流れを意識する … 133

Point of View ⑧ 相談の技法 … 138
Point of View ⑨ ジェノグラム … 141

II 子ども虐待と DVの交差に介入する … 145

第9章

現状からのパラダイムシフトに向けて
―― 「守ることの失敗」アプローチから
Safe & Together モデルへ … 146

日本の現状 … 148
子ども虐待とDVの2軸で現状を捉える … 152
求められるパラダイムシフト … 157
Safe & Together モデル … 160

第10章

DV加害者が子どもに及ぼす影響 … 167

子どもへの広範囲の影響 … 167
DVケースにおける子どもの位置 … 171

第11章

被害親のストレングスを理解する … 177

被害親による子どものための努力や取り組み … 177
被害親による子育ての実態の分析から … 180
ストレングスに着目することがなぜ重要か … 183

Point of View ⑩ 児童福祉機関とDV被害者支援機関の
連携を超えた相互支援 … 186

第 **12** 章

DVと子ども虐待の交差を可視化する……188

DV・子ども虐待のアセスメント・カンファレンスシート……188
加害者パターン理解のための
5つの構成要素記述フォーム……191

Point of View ⑪ 記録の注意点……199

第 **13** 章

被害親への関わりの実際……203

「守ることの失敗」アプローチに基づく面接例……203
子どものためのパートナーシップに向けて……204
被害親とパートナーシップを築くための6ステップ＋1……205
心理教育的支援……206
パートナーシップを築くうえで重要なその他のポイント……208
被害親への面接のポイント……212
被害親とのパートナーシップを意識した面接例……213

第 **14** 章

加害親への関わりの実際……216

加害者に力を与えてしまう面接例……216
加害者の機関への操作性……218
加害者が支援機関・支援者を操作する手口……221
加害親に関わるための「引き出し」の必要性……222
加害親への面接のポイント……223
加害親の行動と子どもへの影響に焦点づけた面接例……230

第15章
子どもへの関わりの実際 ························ 232

子どもの声を聴く ····························· 232
子どもとの面接例 ····························· 233
子どもへの面接のポイント ··················· 237
子どもの保護要因を増やす ··················· 238

おわりに ······································· 240

引用文献 ······································· 244

※ 本書で取り上げる事例は，筆者が実践や調査で出会ってきた複数の事例をもとに創作した架空のものです。

序　章

DV問題に出会う

DVをみる「メガネ」と支援の「引き出し」

　2024年4月，「配偶者からの暴力の防止及び被害者の保護等に関する法律（DV防止法）[1]」の改正法が施行され，同時に「困難な問題を抱える女性への支援に関する法律（困難女性支援法）[2]」が施行されました。DV被害者／女性相談支援機関の職員は，強力な支援者として被害者に関わり，権利擁護（アドボケイト）することが求められます。また，児童福祉／子ども家庭機関の職員は，子ども虐待に交差するDV問題に日常的に接しています[3]。子ども虐待の通告などに関わるなかで，パートナーからひどい暴力や支配を受けているDV被害者に今や最も出会う福祉機関といえます。そして，生活困窮者支援，障害児・者福祉，高齢者福祉，母子保健，その他の市民行政窓口，メンタルヘルス機関や医療機関，教育機関，警察や司法機関などさまざまな現場でも，家族に暴力を振るっているDV加害者，暴力と支配にさらされている大人と子ども，家族に出会います。

　このように対人援助の支援者や専門家にとって，DVはとても身近な問題です。しかし，DV支配の本質を捉える「メガネ」をもたないと，被害者が経験している暴力やパワー（権力）の不均衡に気づくことができません。そればかりか，意欲や集中力の低下，抑うつ，依存といったメンタルヘルスの不調や不可解に思える行動が，実はDV被害の影響によりもたらされていることが理解されず，関わっているクライエントのことを，暴力と支配にさ

らされている「被害者」としてではなく，「困った人」として捉えてしまいがちです。また，支援者がクライエントの経験している DV に気づいたり，関わっている家庭に DV が存在することがわかったりしても，被害者や加害者に関する知識やスキルといった支援の「引き出し」がないと，適切に対応することができません。実際の業務のなかで，どう理解すればいいのか，どう関わればいいのか，支援者が困る場面は多くあります。

　「面接で何を聞き，何を伝えればいいのか」「相談や支援には受容と共感が大事だと習ったけれど，共感ができないときがある」「どうすることもできないという困り感，無力感を抱くことがある」「『あなたは悪くない』と伝えるのが大事と聞いているけれど，それだけでは足りないのではないか」「安全が第一というけれど，本人の意思を尊重するのが DV 被害者支援の基本であるともいうし……」「子どもを DV にさらしてしまっていることを，被害者である親に自覚してほしい」「子どもも DV 被害者も守りたいけどどうすればいいのか」「本当は加害者に関わる必要があるけれど，できていない」などの声を，多くの実践者とやりとりするなかで耳にしてきました。被害者への現実的な支援，DV を経験している家族への効果的な介入とは，どんなものなのでしょう。

ある事例から —— Kさんを取り巻く3つのストーリー

◆ A さん（DV被害者／女性相談支援機関職員）のストーリー

　A さんが勤務する市役所の相談窓口を K さん(32歳女性)が訪れた。K さんは，児童相談機関の B さんから相談に行くように言われてやってきた。

　K さんは，「近所の人が 110 番をしたようで，家に警察が来た。警察から児童相談所に連絡が行ったようで，『子どもの前でケンカをしてはいけない』と職員に注意を受けた」「お母さんのことをちゃんと相談してくださいと，ここに相談に行くように言われたので来ました」と話した。時間をしきりに気にしており，落ち着かない様子である。警察が来たときのことを尋ねると，

「夫とケンカになった。夫の機嫌が悪いとどうしてもケンカになってしまうんです」と話した。そのとき，どのようなことがあったのか，暴力を受けたのか尋ねると，夫に床に倒され，顔面を叩かれたり，腕を蹴られたりしたという。しかし，Kさんは，「たいしたことはないんです」「私も悪いんです」と繰り返した。

　Kさんに「心配なことはありますか？」と聞くと，長女のRちゃん（小5）には問題はないが，長男のTくん（小1）に落ち着きがなく，夏休みの宿題をさせることに苦労している，また次女のYちゃん（4歳）のおねしょが続いていると話し，DVについての危機感や相談の意思は感じられなかった。Aさんは，「子どもの夏休みに実家に帰省して，夫と距離をとったほうがいいのではないか」と伝えてみたが，Kさんは「長男を野球に行かせないと夫に怒られる」「警察が来てから，夫は謝ってくれたし，手もあげていないのでもう大丈夫だと思います」と答えた。Aさんは「もし避難の希望があれば，一時保護の制度もあります」と伝えたが，Kさんは「はあ，そのようなものがあるんですね」と，自分ごととして捉えていない様子だった。

◆Bさん（児童福祉／子ども家庭機関職員）のストーリー

　Bさんは児童相談機関の職員である。[4]あるときKさん宅から，大人の言い争う声と子どもが泣き叫ぶ声が聞こえたため近所の人が警察に通報し，警察官が駆けつけた。子どもが夫婦間の暴力にさらされる心理的虐待の状況にあるということで，警察より児童相談所に通告があった。警察の通告は，夫婦相互に暴力を振るい合い，どちらも加害者・被害者と思えるケンカがあるという内容だった。

　Bさんは，Kさんのケース以外にも，警察からの通報があり，主担として関わるケースを経験していた。Kさんの家庭は以前も通告があり，要保護児童対策地域協議会[5]では，Kさんの子どもたちは要支援児童として登録されている。このようなケースは多く，Bさんは正直「またか」と思った。

　BさんはKさんと面接を行い，子どもに夫婦間のケンカを見せることは子ども虐待にあたることを説明した。Kさんは反論する様子もなく説明を

聞いていた。また，DV被害者／女性相談支援窓口に相談するよう助言をし，次の面接の約束をした。しかし2週間後，約束の時間になっても連絡はなく，Kさんは現れなかった。

　小学校によると長女のRちゃんはダンスが好きで，友だちもおり，学校に遅刻してくることはあるが，とくに気になる様子はないという。一方で長男のTくんは，学校には通っているが，昼間も眠そうな様子がみられ，思い通りにならないと友だちを叩くことがあり乱暴だという。この家庭には給食費の滞納があり，督促をしているが支払われず，学校はKさんを金銭的にルーズな母親と見なしている。

　次女のYちゃんは今年度から保育所に通っている。Kさんが就労するということで入所したが，Kさんは仕事が続かないようで，これまで2ヵ所のパートをそれぞれ数ヵ月で辞めている。この様子だと定職に就くのは難しいと保育所は認識している。Kさんが送迎をして，Yちゃんはほとんど休まず保育所に来ているが，昼前の登園になるときもあり，保育所は母親のルーズさを感じている。Yちゃんは昼間ボーッとしており，母親と別れるときには，激しく泣いている。

◆Kさんのストーリー

　ある日の朝，夫の朝食を作っているとYちゃんが起きてきた。Yちゃんがおねしょをしていたので着替えをさせていると夫はイライラし始め，「いつも段取りが悪い」「いつまで待たせるのか」と小言が始まった。次第に夫は興奮し，「誰のおかげで生活できていると思ってるんだ」「何歳までおねしょをさせる。おまえのしつけが悪い」とKさんの腕を強く引っ張り，Kさんの顎を持ちながら怒鳴り続けた。Kさんは怖くなり，手に持っていたYちゃんの着替えをとっさに夫の顔にかざした。それを見た夫は激昂し，Kさんは床に押し倒され，顔面を叩かれ，腕を蹴られた。それを見ていたYちゃんは泣き，起きてリビングにいたTくんも泣いた。KさんはTくんとYちゃんを逃がそうと，朝ご飯を食べていたRちゃんに，別の部屋に連れていくように言った。その音や声を聞いて隣の人が警察に通報したようだ。警察官

が来たときには夫は別人のように落ち着き，「妻は頭がおかしく，いつも自分は苦労している。家事もちゃんとできない，妻が錯乱して服を投げてきたから静止しただけ，妻から手を出したので自分が被害者である」と流暢に説明した。警察官は夫の言い分を信じたのか, K さんに「服を投げたのですね」「あなたも手を出したのですね」と聞いてきた。投げたつもりも手を出したつもりもなかったが，子どもの服を夫の顔に向けたのは事実で，また「違う」と説明すると後で夫に何を言われるかわからないので「はい」と答えた。警察官は，K さんの腕のあざ，子どもにケガがないことを確認し，「児童相談所に連絡するので, 役所から連絡があったらちゃんと対応するように」と言って帰っていった。その日の夜, 夫はケーキを買って帰り,「叩いたことは悪かった。でも怒らせたおまえも悪い」と言った。

児童相談機関の B さんより連絡があり，役所に行き面接することになった。警察から連絡を受けたということだった。「子どもの前で，夫婦間でケンカすることは子どもに悪影響があるので, やめるように」と注意を受けた。「すみません。そのようなことがないようにしたいと思います」と答えた。子どもを怖い目にあわせて悪かったと K さんは落ち込んでいた。でも，夫がいつキレるか予想がつかず，夫がまた暴れたらどうしようと思った。一方で，夫は謝ってくれたし，大丈夫かなとも思った。

R ちゃんはこの事件のことには触れない。ダンスが好きなので続けさせてあげたいと思っている。家計は大変だがダンス教室に通う費用を捻出し，休日には弁当を作ったりしている。警察官が来た日から，T くんも Y ちゃんも，「パパ怖いね。警察来たね」と話す。そんなときは「大丈夫だよ」と背中をさするようにしている。また，Y ちゃんは週に 1，2 回だったおねしょを毎日するようになった。夫が Y ちゃんのおねしょに気づいて怒らないように，K さんは夫が仕事に行った隙に洗濯をしたり，片づけをしたりしているが，いつ洗濯物を見て文句を言い出すかとヒヤヒヤしている。また，T くんが Y ちゃんに顔を近づけて怒鳴る仕草を見せるようになった。夫の行動に似ているので心配しているが，そのことを B さんに相談することはできなかった。話したら自分の子育てが駄目だと思われるのではないか，児童相談所に子ど

もを保護されたらどうしようと不安に感じたからだ。

　子どもに暴力を見せるのはダメだとBさんに言われたことを夫に話そうかと思ったが，夫は子どものことを話すといつも不機嫌になるし，勝手に家の話をしたと聞いたら怒ることが目にみえていたため，話せなかった。

　BさんからDV被害者／女性相談支援窓口に行くよう言われたので，従ったほうがいいと思い，相談に行った。「相談したいことは何ですか」「どうしたいのですか」と聞かれたが，何から話していいか，またどうしたいのかわからず，うまく話せなかった。きっと変な人だと思われただろう。暴力について聞かれたが，夫から「近所の人が警察に通報するほど騒ぎやがって」「おまえが手を出したから悪い」とその後何度も責められていたので，「たいしたことはない」「私も悪い」と話した。

　夫はバイクが好きで3台のバイクを持っている。まだローンを返し終わっていないのに新しいバイクをローンで買う。夫は，部下や草野球の仲間に羽振りよく振る舞うため生活はとても苦しく，何とかやりくりをしている状態である。家計の足しにパートをしようと，KさんはYちゃんの保育所の申請をした。入園して間もなくスーパーでのパートの仕事が決まったが，忙しくて帰宅が少し遅くなったことから夫がスーパーに何度も電話をしたため，店長から注意を受け，居づらくなって辞めることにした。夫は「家庭をおろそかにする仕事は許さない」と言う。しかし生活費も何とかしないといけない。時間の融通がききそうな工場の仕事を見つけ，家庭を優先してよいと面接のときに言われたので，ここなら大丈夫だろうとパートに行き始めた。しかし，今度は「上司と浮気している，だからその会社を選んだんだろう」と夫から夜中に問い詰められた。そしてその工場にも夫が連絡したため，Kさんはパートを続けることを断念した。

　貯金も尽きて，給食費を滞納していることが気になっている。夫に生活費が欲しいと伝えたが，「家計のやりくりもできないのか」とくれない。夫はKさんが実家に行くことも嫌がるが，内緒で実家に行き，子どもを食べさせるためにお米をもらったり，お金を借りたりしている。

　先週の木曜日にBさんと再び面接をすることになっていた。夫はKさん

の携帯電話の着信を見て「男か」と問い詰めてきたので，役所の人だと説明した。夫は「行く必要はない」「ややこしいことを話すな」と言った。それでも約束をしたので行くつもりだったが，その日は雨で夫は仕事を休んだ。夫が家にいたので，行くことも断りの電話をすることもできなかった。翌日電話しようとしたが，夫は履歴をチェックするためまた責められるのではないかと怖く，また精神的にふさぎ込んでしまって，できなかった。

　このところ体調が悪く，頭痛と耳鳴りが続いている。それでも子どもの日常が維持できるように食事を作り，毎日午後9時には寝かせるようにしている。毎晩，寝る前に絵本を読むようにしていて，その時間は子どもにとってもKさんにとっても大事な時間である。ただ，夫の帰宅が早かったり仕事を休んで家にいたりすると，夫は「甘やかすな，一人で寝かせろ」と言い，子どもにも「甘えるな」と怒鳴り始める。子どもに怒りの矛先が向くことは避けたいので，そのときはKさんは子どもの部屋に行かず，子どもに話をして自分たちで寝るようにさせている。

　みなさんは，3つのストーリーをどう読んだでしょうか。いくつかポイントがあります。

- DV被害者／女性相談支援機関のAさんへの相談において，Kさんの話は要領を得ませんでした。また，「たいしたことはない」「私も悪い」と話しました。本当にたいしたことはなく，Kさんが悪いのでしょうか。
- 児童相談所には，Kさんと夫のいずれも被害者であり加害者という形で警察から虐待通告が上がってきており，Bさんは「ケンカ」と表現していますが，この関係は「ケンカ」でしょうか。
- Kさんは金銭的にルーズで仕事が続かない人と学校や保育所に評価されていますが，それはKさんの落ち度や問題でしょうか。
- Tくんが学校で乱暴であったり，Yちゃんが保育所でボーッとしていたり，おねしょをしたり，落ち着かなさがみられますが，それはKさんの育て方が悪いからでしょうか。

● K さんは，B さんとの約束を守らず面接に来ませんでした。その際，連絡もありません。子どもの登園が昼前になることもあります。これは K さんがルーズでだらしないからでしょうか。

次章から，これらの疑問について考えていきたいと思います。

現場で出会う被害者・加害者・子ども
── 支援・介入のターゲットと本書の範囲

　本書は，DV 加害者からの暴力や支配を受ける，大人の被害者と子どもの被害者が存在するという視点で書かれています。DV 問題は，加害者と被害者の間に子どもがいる場合や，被害者に子どもがいる場合，その介入や支援は一気に複雑さを増します。

　図 0-1 は，DV の当事者と支援・介入のターゲット，本書の扱う範囲を整理したものです。

　支援者や専門家が関わる対象となるこの問題の当事者は，DV 被害者と DV 加害者，そして子どもです。

　支援・介入のターゲットは，子どもがいない場合は，「DV 被害を受ける当事者（DV 被害者）」と，「DV 加害行動をする当事者（DV 加害者）」の二者になります。

　子どもがいる場合は，子ども虐待の視点が不可欠となります。そのため，支援・介入のターゲットを 5 つの側面で捉えます。被害者は，「DV 被害を受ける当事者」と「親としての DV 被害者」です。加害者は，「DV 加害行動をする当事者」と「親としての DV 加害者」です。そして，「権利を守られるべき子ども」がいます。

　DV 問題に関わる支援者や専門機関は，「DV 被害者／女性相談支援機関」「児童福祉／子ども家庭機関」「加害者プログラム／司法機関」が代表的であり，それぞれ主な支援・介入のターゲットが異なります。

図 0-1 DVの当事者と支援・介入のターゲット

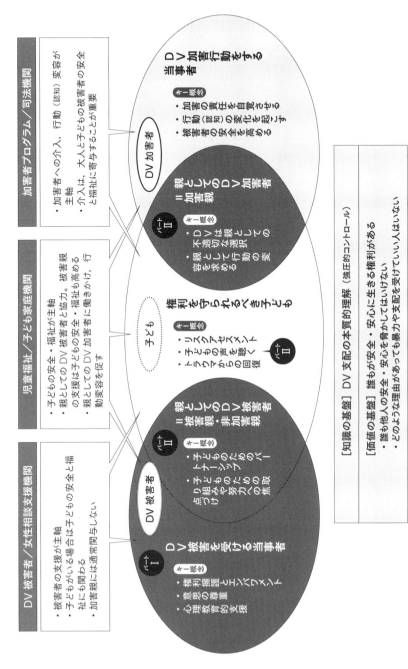

◆ DV被害者／女性相談支援機関の役割

　DV 被害者／女性相談支援機関は，DV 被害者への相談支援を行い，被害者をアドボケイトする役割を果たすことが求められます。日本では，配偶者暴力相談支援センター，女性相談支援センター，女性相談支援員，女性自立支援施設，男女共同参画センター，市区町村の男女共同参画局や人権担当部局，民間シェルターなど民間団体，フェミニストカウンセリング，母子・父子自立支援相談，人権相談，犯罪被害者支援センター，性犯罪・性暴力被害者のためのワンストップ支援センターなどがその役割を担っています。そこでは，生活の質と安全を高める実効性のある支援による被害者の権利擁護，エンパワメント，意思の尊重，自身の状況の理解を促進する心理教育的支援などが重要です。

　DV 被害者／女性相談支援機関は，「DV 被害を受ける当事者」に対する支援を主軸としながら，子どもがいる場合，「権利を守られるべき子ども」にも関わる機関といえます。間接的・直接的に，子どもの安全と福祉を支援する機能をもつのです。実際に，DV 被害者の面接のなかで子どもについての相談を受けることは多くあり，「親としての DV 被害者」の側面に関わっています。また，被害者の相談等のなかから，子どもが不適切な状態に置かれていることや子ども虐待を発見することもあります。さらに，大人の DV 被害者の安全を確保する際，子どもも同伴家族としてシェルター利用につなぎ，シェルターや保護施設のなかで子どもの生活支援を実施することになります。その際には，子どもへの衣食住の提供，保育や学習支援なども求められます。また，子どもにも面接をして，子どもの状況や思いを把握することや子どもの心理的ケアの視点も必要です。

　一方，DV 被害者／女性相談支援機関は，DV 加害者には通常関与しません。つまり，「DV 被害を受ける当事者」の側面をメインとしながらも，「親としての DV 被害者」の側面にも対応し，さらに「権利を守られるべき子ども」への関与を行うという機能を有しているといえます。

◆ 児童福祉／子ども家庭機関の役割

　児童福祉／子ども家庭機関には，児童相談所，市区町村のこども家庭セン
ターや家庭児童相談[6]，保健センター[7]，子どもの医療機関，保育所・認定子ども園，
学校など教育機関，児童養護施設など社会的養護の機関，家庭裁判所などが
含まれます。ここではもちろん「権利を守られるべき子ども」の安全・福祉
を主軸としたアプローチとなりますが，子どもの権利を守るためには，「親
としてのDV被害者」と「親としてのDV加害者」への効果的な関与が不
可欠です。

　児童福祉／子ども家庭機関が，DV被害者である親に面接することは比較
的よく行われています。しかしその際，子どもをDVにさらしていること
は親として不適切である，子どもを守れていないと被害親を評価し，本来加
害親に負わせるべき行動の責任を被害親に負わせるという「守ることの失敗」
アプローチがなされている課題もあります。これについては第9章で詳述し
ます。親としてのDV被害者との間に子どものためのパートナーシップを
築くこと，そのためにも被害親の子どものための取り組みや努力（ストレング
ス）を理解すること，被害親の支援は子どもの安全と福祉につながるという
視点が重要です。

　一方，「親としてのDV加害者」への関与は積極的になされていないのが
実情であり，大きな実践課題といえます。DVは親として不適切な選択であ
り，行動変容を促すことが求められます。また，「権利を守られるべき子ど
も」の側面に対しては，継続したリスクアセスメント，子どもの声を聴くこ
と，トラウマからの回復へのアプローチが必要です。

◆ 加害者プログラム／司法機関の役割

　「DV加害行動をする当事者」への関わりは，主に加害者プログラム／司
法機関の範疇です。

　加害者プログラムは，DV加害者行動変容プログラムやDV加害者更生プ
ログラムなどとも呼ばれており，DV加害者に対して，被害者の安全を確実
なものにする，加害者に自身の行為の責任を自覚させる，加害者の認知・行

動変容を起こすなどの目的をもって行われるものです。[8]

　日本では，いくつかの民間団体などによる取り組みがなされノウハウを蓄積していますが，米国などの諸外国と異なり，プログラムの受講が法制化されていません。そうしたなか，内閣府は令和2～4（2020～2022）年度の調査研究事業において，加害者プログラムを試行的に実施し，令和5（2023）年に地方公共団体が実施する際の留意事項について「配偶者暴力加害者プログラム実施のための留意事項」（内閣府男女共同参画局 2023）として整理し，普及を進めようとしています。

　課題としては，加害者をプログラムにつなげるシステムや法制度がないこと，運営についてはDV加害者対応の専門家やプログラム実施団体の不足，DV加害者プログラムの内容・効果などに関する知見の不足，DV加害者対応に係る財源の不足などがあげられます。被害者の安全を高めるため，また被害者を増やさないために，加害者の認知と行動の変容を促すシステムの整備が急がれます。

　司法機関は，被害防止，緊急対応，事件化，加害者の逮捕などにまさにその現場で関わる警察や，刑罰，保護命令の審尋などで加害者に関わる裁判所，それらに関わる弁護士などを含み，それぞれ重要な役割を担っています。

　ただし，司法機関の範囲は広く，保護命令に関する地方裁判所，離婚や親権などに関わる家庭裁判所，被害者の代理人である弁護士，加害者の代理人である弁護士，子どもの福祉に関わる弁護士，加害者を直接処遇する矯正機関など，立場や時期により，5つの側面のどれがメインとなるかは変わってきます。しかしながら，「DV加害行動をする当事者」に何らかの形で関わることが通常で，加害の責任を自覚させる，加害者に行動の変化を求める，それらを通して被害者の安全を高めるという役割を意識することが求められます。

　加害者プログラム／司法機関では，加害者への介入，行動（認知）変容が中心ですが，その介入は子どもと大人の被害者の安全と福祉に寄与するものであることが重要です。

その他，母子生活支援施設は，被害者と子どもの両者に対し入所施設において支援を行うという特徴があり，「権利を守られるべき子ども」「DV被害を受ける当事者」の側面，「親としてのDV被害者」の側面に関する高い専門性をもつ機関です。

また，DVや虐待の対応を主たる業務としていない福祉・医療・保健などの各機関も，本来の業務を遂行するなかでDV被害者・加害者・子どもに広く関わっています。その際には，「DV被害を受ける当事者」「親としてのDV被害者」「権利を守られるべき子ども」「親としてのDV加害者」「DV加害行動をする当事者」のいずれか，もしくは複数の側面に関与することになります。

これら5つの側面はそれぞれ深く関係し合っており，切り離して考えることは適切でないかもしれません。しかし，読者のみなさんが所属する機関のもつ機能や求められる役割・焦点を改めて確認し整理するうえで，この5つの側面から捉えることが役立つのではと考えます。

いずれにしても，誰しも安全・安心に生きる権利があるという価値の基盤に基づくことが大原則です。言い換えれば，誰も他人の安全・安心を脅かしてはいけない，どのような理由があっても暴力や支配を受けていい人はいないという基本からぶれないということです。また知識の基盤となるのは，DV加害者の行動の選択が被害者と子ども，家族の機能にどのように影響しているかを理解するという，DV支配の本質的理解です。この理解を促進する視点の1つが，主に第2章で紹介する強圧的コントロールです。

本書の構成と用語について

本書では，まずパートIで，基本となるDV支配のメカニズムと，「DV被害を受ける当事者」への関与について主に取り上げます。続くパートIIでは，「権利を守られるべき子ども」を主眼に，「親としてのDV被害者」と「親としてのDV加害者」への関わりを扱います。子どもの安全と福祉を守

るためには，加害親の行動が子どもと家族に及ぼす影響を理解し，また被害親のストレングスに焦点を当てることが重要であるという観点から，DVと子ども虐待の交差という新たな視点を示すことを目指します。パートⅡでは，「権利を守られるべき子ども」に関わる子どもの面接にも触れますが，リスクアセスメントやトラウマからの回復には触れず，国が発行するガイドラインや指針，また他の専門書に委ねることとします。また，「DV加害行動をする当事者」の理解や具体的介入についても他書に委ねます。

　本書で用いるDVという用語は，ドメスティック・バイオレンスのことであり，カップルの一方が他方に対して強圧的・支配的な行動をとること，そのパターンを用いている状態を指します。本書では，夫婦間や同居関係にあるカップルのDV事例を中心に扱いますが，婚姻や同居の有無は問わず，親密な関係にあるカップルの一方が他方に暴力や支配を行う行動パターンがみられる場合に適用可能な内容を説明します。心理的暴力や社会的暴力，性的暴力によって被害者が受けるダメージは大きく，身体的暴力がない場合ももちろん含みます。親密な関係性だからこそ暴力や支配が生じやすいという，「親密性に基づく暴力」の側面があり，性別や性的指向（同性愛など）にかかわらずDV被害は存在します。実際に，筆者は男性被害者の支援を担当した経験があります。一方，DVは性別による力の差やジェンダー不平等な社会構造を背景に，女性が深刻な被害にあっていることが多い実態，「ジェンダーに基づく暴力」としての理解が重要です。こうしたことを踏まえ，本書では対象を広く捉えながらも，女性が被害者となる事例を扱います。

　本書では，DVを受けている・受けていた被害者／サバイバーを「DV被害者」「被害者」としています。海外では，DV被害者を「サバイバー」と呼ぶことが一般的です。英語の動詞"survive"（生き延びる）の名詞形で，生還者，生き延びた人という意味があり，受身形の「被害者」ではなく，試練や困難のなかで積極的に生き続けているという力強さを表す言葉として使われます。日本ではまだ十分浸透していないことから本書では主に「被害者」を用いますが，引用する場合など「サバイバー」としたところもあります。

　「DV加害者」「加害者」は，パートナーに対して暴力や支配的な行動をす

る人を指します。

　子ども虐待と DV の交差や児童福祉実践について述べるときには，DV 被害者である親を「被害親」「大人の被害者」「非加害親」，子どもを「子どもの被害者」，DV 加害者である親を「加害親」と呼ぶこともあります（加害者については，母親のパートナーであるが子どもの父親ではないこともあるため，「加害者」としているところが多くなっています）。また，児童福祉現場の実態を示す際は，DV 被害者である親を「母親」，DV 加害者である親を「父親」と表現することもあります。

---

［1］　2001 年に「配偶者からの暴力の防止及び被害者の保護に関する法律」が施行された。前文には，配偶者からの暴力は，犯罪となる行為をも含む重大な人権侵害であること，人権の擁護と男女平等の実現を図るためには，配偶者からの暴力を防止し，被害者を保護するための施策を講ずることが必要であることが明記された。その後 2004 年，2007 年，2014 年に改正がなされ，2024 年 4 月に施行された最新の改正では保護命令制度が拡充された。

［2］　DV や性被害，貧困など多様化する困難に直面する女性を，自立に向けて包括的に支援することを目的として施行された。売春防止法に基づく「婦人保護事業」として実施されていた支援を現代の状況に合わせるために制定された背景がある。これにより婦人相談所が「女性相談支援センター」へ，婦人相談員が「女性相談支援員」へ，婦人保護施設が「女性自立支援施設」へ名称変更となった。

［3］　2004 年の児童虐待防止法改正で「児童が同居する家庭における配偶者に対する暴力」が心理的虐待に定義されている。なお，子どもの目の前で配偶者に対して暴力を振るうことを指す「面前 DV」という言葉が実践現場では多用されている。

［4］　地域やケースによって，児童相談所が対応する場合と，市区町村の虐待対応担当窓口が児童相談所の送致により対応する場合が想定される。

［5］　児童福祉法 25 条に，地方公共団体は，要保護児童等（要保護児童と要支援児童及びその保護者，特定妊婦）の適切な保護または支援を図るため，関係機関等により構成される要保護児童対策地域協議会を置くように努めなければならないと規定されており，要保護児童およびその保護者に関する情報等の交換を行うとともに，要保護児童等に対する支援の内容に関する協議を行う。

［6］　「全ての妊産婦，子育て世帯，こどもに対し，母子保健・児童福祉の両機能が一体的に相談支援を行う」機関として，2024 年の児童福祉法改正により設置が市区町村の努力義務とされた。

［7］　福祉事務所の家庭児童福祉に関する相談業務を強化するために設置された相談窓口。地域住民の比較的身近な相談機関としての役割が期待されている。家庭相談員および社会福祉主事が配置される。

［8］　内閣府男女共同参画局「配偶者からの暴力被害者支援情報　加害者プログラム」（https://www.gender.go.jp/policy/no_violence/e-vaw/kagaisya/index.html#chousa）

［9］　児童福祉法 38 条に定められ，18 歳未満の子どもを養育している母子家庭，または何らかの事情で離婚の届け出ができないなどの母子家庭に準じる家庭の女性が，子どもと一緒に入所し生活する施設。DV を理由とした入所が多い。

パート
I

DV支配の
本質的理解

パートI　DV支配の本質的理解

第1章

DV理解の基本

DVの特徴

　DV には，いくつかの特徴があります。

　第一の特徴は，DV 加害者が用いる暴力には，さまざまな種類があることです。殴る・蹴るという身体的暴力のほかにも，精神的暴力，社会的暴力，経済的暴力，性的暴力，子どもを利用した暴力などがあります。暴力の種類については後でくわしく説明します。

　第二の特徴は，外から見えにくいことです。身体的暴力によって顔にあざがあれば，周りの人も「もしかして?」と気づくかもしれません。しかし，見えないところにあざがある場合は周りの人もわからないですし，時間が経てばあざは消えてしまいます。ましてや，精神的暴力や社会的暴力，性的暴力，後で説明する強圧的コントロールなどは，周囲の人がアンテナを張り，見ようとしなければ見えません。また，被害者が自分の被害経験を過小評価している場合もあります。被害者は，暴力だと認識する範囲が狭いのが普通で，自身が受けている DV 被害の種類や内容を正確に話せる人はほとんどいません。加害者も同様に，自分の言動を暴力や不適切な行為だと認識する範囲は非常に狭いものです。ケガをさせてしまったことについては「やばい」「やってしまった」と思っているかもしれませんが，「暴力はしていない」と言いながら，肘で突く，足を引っ掛けるなどの行動をしている例はよく耳にします。身体的暴力以外は暴力や不適切な行為だと認識していないこともよ

くあります。子ども虐待の場合も同じように，親は「しつけだ」と言い，自身の虐待行為を深刻に捉えていないケースに出会います。したがって，まずは支援者や専門家が，暴力と支配を捉える「メガネ」をもたないと，被害を見過ごしてしまうのです。外から見えるものは一部であるという理解が必要です。

　第三の特徴は，誰でも DV 被害を受けると，本来もっている「力」(判断，認知，行動など) が奪われるということです。その人らしさや健康さを失い，元気がなくなり，無力化させられていきます。暴力や支配にさらされていなければしないであろう判断や行動をしてしまうことや，逆に適切な判断や行動ができなくなることもあります。加害者の行動パターンが被害者にどのように影響を与えているか，幅広く理解することが求められます。

　第四の特徴は，加害者から離れ，一時避難や別居，離婚となっても，被害者が過去の暴力や支配によって受けたトラウマや傷つきは簡単に消えず，後々まで残ることです。第 3 章以降で説明するステージモデルに照らせば，一時避難中の B ステージ，別居後の C ステージの支援が重要ですし，別居(離別) してしばらく年月が経ち新しい生活ができている D ステージにおいても支援が必要な場合があります。DV にさらされた子どもや虐待を受けた子どもも同様です。たとえば，DV 加害者である親から離れ，被害者である親と新しい生活を始めた子どもや，親からの虐待によって一時保護所や児童福祉施設に入所した子どもは，直接的な虐待を受けない環境になったとしても，さまざまな影響が残ります。加害者の行う暴力や支配は，大人と子どもの被害者に長期に影響を与えるのです。

　序章で取り上げた K さんの事例を考えてみましょう。K さんが受けている暴力は，身体的暴力だけではありませんでした。精神的暴力，経済的暴力，社会的暴力も確認できます。また，子どもを利用した暴力もみられます。さらに，第二の特徴としてあげた，支援者・当事者による過小評価がみられます。B さんは警察の通告内容をもとに「ケンカ」と表現していて，K さんがさまざまな種類の暴力被害を夫から受けていることを把握していません。ま

た，Kさん自身も多くの暴力や支配にさらされていることを理解しておらず，「たいしたことはない」「私も悪い」と認識しています。そして，夫は自身が行った身体的暴力を軽く捉えていて，「妻から手を出した」と話しており，身体的暴力以外の暴力をKさんに行っているという自覚は弱いと思われます。また，KさんにはDV被害の影響もみることができます。たとえば，夫の暴力と支配にさらされていなければパートの仕事を続けることができたでしょうし，Bさんとの面接の約束も守ることができたでしょう。夫の言動が，Kさんが社会と関わることを難しくし，周囲からの評価を低くすることにもつながっていることがわかります。

暴力の種類

　被害者との面接において，どのような暴力や支配を受けているかを理解することは重要です。DV被害者であると思われる人に出会った際，暴力にはいろいろな種類があると伝えることは支援の基本です。さらに，加害者は被害者をコントロールするため，自身の思い通りにするために，意図的かどうかにかかわらず，さまざまな暴力や支配を手段として使っている可能性があると伝えます。どのような暴力を経験しているのかを相談者と一緒に確認し，相談者と支援者が認識の共有を図ることは支援関係構築の基盤となります。
　図1-1は，さまざまな暴力の種類を示した面接ツールです。以下，それぞれの暴力の特徴を説明していきます。

◆ 身体的暴力
　身体的暴力については，被害を受けている当事者は認識できているだろうと思われるかもしれませんが，ケガをしていないからたいしたことではない，暴力ではないと思っている場合も少なくありません。さらに，ニュースなどの影響からか，身体的暴力とは殴る・蹴るという身体の激しい動きを伴うものというイメージがあり，「握る」「絞める」「押す」などを暴力だと捉えて

図 1-1 面接ツール：暴力の種類 (増井 2022)

> 私にも悪いところが
> あると思ってませんか？

> 暴力にはいろいろな種類が
> あります！

身体的暴力
からだへの暴力

- □ 殴る
- □ 蹴る
- □ 首を絞める
- □ 突き飛ばす
- □ 押し倒す
- □ 腕をつかむ・引っ張る
　　　　　　　　など

精神的暴力
こころへの暴力

- □ どなる
- □ 脅す
- □ ばかにする
- □ 無視する
- □ 物を投げる・物を壊す
- □ 刃物を出す
- □ 自殺をほのめかす
　　　　　　　　など

経済的暴力
生活費やお金に関する暴力

- □ 生活費を渡さない
- □ 自由にお金を使わせない
- □ 外で働くことを嫌がる
- □ 家計の責任を
　　あなた一人に負わせる
- □ 借金の強要
　　　　　　　　など

社会的暴力
人や社会とのつながりへの暴力

- □ 友人や身内との付き合いを
　　制限する・仲良くすることを
　　嫌がる
- □ 自由に外出させない
- □ スマホをチェックする
- □ 行動をチェックする
- □ 浮気を疑う・激しい嫉妬
　　　　　　　　など

性的暴力
性に関する暴力

- □ 望まないSEXや行為を強要する
- □ 身体や性に関して
　　ひどく傷つけることを言う
- □ 避妊をしない
- □ 裸の写真を撮る
- □ SNSで流す（と脅す）
　　　　　　　　など

子どもを利用した暴力

- □ 子どもの前で暴力をふるう
　❖子どものいる家庭における配偶者に
　　対する暴力は児童虐待にあたります。
- □ 子どもに危害を加える
- □ 子どもを取り上げようとする
- □ 子育ての責任をあなた一人に負わせる
- □ 子どもの前で非難する
- □ 子どもとあなたが仲良くするのを嫌う
　　　　　　　　など

> さまざまな暴力を複合させ、相手はあなたをコントロールしているのかもしれません。

いないこともあります。

　筆者は，首を絞められることを暴力と認識していない被害者に多く出会ってきました。たとえば，暴力を受けたエピソードとして「2回だけ殴られました。他はないです」と話した女性に面接ツールを示して暴力の種類を説明すると，「そういえば，これもあります」と「首を絞める」を指差しました。このような例は珍しくなく，どうも「握る」「絞める」などは激しく暴れるというイメージとは異なるため，暴力と認識されにくいようです。しかし，首を絞めることは息を止める行為であり，海外では銃の使用と並んで，リスクの高い暴力とされています。

　現在は支援者である別の女性は，過去にモラルハラスメントを受けて離婚したことを話してくれました。彼女は「身体的暴力はなかったんですけどね」と言います。しかし話を聞いていくと，「机を強く押すので挟まれて動けな

かった」「歩いていると足を引っ掛けて倒された」といったエピソードが出てきました。「それって身体的暴力ですよ」と説明すると，ハッとした様子でした。筆者はそのとき，DVについて知識がある人でさえ，自身の被害に対しては正しい認識が難しいことを改めて感じました。このように身体的暴力でさえ，当事者による過小評価が起こるのです。

また，激しい身体的暴力は強い恐怖体験となって後々の生活に影響を及ぼします。「夜寝ようとしたら暴力の場面が頭に浮かぶ」「男性の大声を聞くとビクッとしてしまう」など，トラウマ反応が長く続く経験を多くの被害者がしています。さらに，身体に受けたダメージが現実的な不調として残ることもあります。「寝返りを打ったら今でも首に痛みが走る」「傷が残っている」と話す被害者もいます。

◆ 精神的暴力

身体的暴力が肉体を傷つけるものなら，精神的暴力は被害者本人の心をひどく傷つけ，ダメージを与えるものです。代表的なものは言葉による暴力です。言葉で本人の尊厳を傷つけたり，あらゆる行動を否定したりします。身体的暴力がなくても，言葉の暴力を受け，無理な要求を繰り返されることなどにより，被害者は混乱し，無力化されていきます。多くの被害者が，言葉の暴力が身体的暴力よりつらかったと語ります。身体的暴力の痛みやあざは時間が経つと消えていくことが多いのですが（もちろん，先に説明したように後遺症を残すものもあります），心の内側をえぐるような言葉の暴力は，心の傷となって呪縛のように本人の自己感覚に否定的な影響を及ぼします。

また，身体的暴力と捉えることもできますが，直接身体に触れずとも，物を投げる・壊すなどにより恐怖心を与える暴力もあります。刃物を出すことなどは，生命の危険を感じる強い恐怖を引き起こす経験となります。

その他にも，加害者が自殺をほのめかすことも珍しくなく，実際に自殺未遂を起こすこともあります。これにより「相手と別れることができなかった」と多くの被害者が話すように，相手の意に沿わざるを得ない状況に追い込まれるのです。「死んでやる」という言葉や，その不安を被害者に抱かせる加

害者の言葉は，脅迫であり，支配の道具として有効に使われているといえます。

◆ 経済的暴力

　DV は貧困状況にある家庭だけではなく，経済状況，社会的立場にかかわらずどのような家庭にも起こっています。経済的に裕福な家庭で経済的暴力が起こっていることは想像しにくいかもしれませんが，自由にお金を使うことができなかったり，「誰のおかげで生活ができているんだ」などと言われている場合もあります。また，別居や離婚をしたら一切お金は渡さないと言われていたり，子どもが私立の学校に通ったり習い事をしたりしていて，別居や離婚をしたら子どもが今の生活を維持できなくなることから，身動きがとれず，がんじがらめになっているケースにも出会います。

　一方で，公的機関につながったり一時保護を利用したりするケースは，生活に困窮した状況にある家庭の被害者が多い実情があります。経済的に余裕があれば，離れたいと思ったときに賃貸物件を準備するなど，自力で解決できる可能性が高まりますが，経済的なゆとりがなければ，自力での別居や避難が難しく，公的な支援が必要になるためです。筆者らが以前，婦人相談所(現・女性相談支援センター) で一時保護になった同伴児のいる人を対象に所持金額の調査を行ったところ，1 万円未満が約 6 割を占めていました（増井他 2016）。所持金の少なさの背景には，就労が不安定，借金があるなど，もともとぎりぎりの生活をしているケース，経済的支配が強く被害者が自由に使えるお金が制限されているケース，これらが複合しているケースがあります。たとえば，筆者が婦人相談所に勤務していた 10 年ほど前，家を借りて子どもと新しい生活を始めるとすれば初期費用に最低 20 万円はかかりました。経済的問題が，加害者から離れるという選択をいかに難しくするか，新たな生活に向けた費用を自力で確保することがいかに困難か，そして暴力のない生活を得るための公的支援の必要性について，わかっていただけるかと思います。

　また，DV 加害者の暴力や支配行動は家族全体の経済状況にも影響します。たとえば，加害者が家で暴れ，家財やテレビを壊した場合や壁に穴を開けた場合，その修理にはお金がかかります。スマートフォンを壊すという例も多

くあります。警察が介入し加害者が逮捕されると，勾留中は収入が絶たれます し，会社によっては退職になることもあります。そうなると加害者のみならず家族全体の生活に影響が及びます。

　夫から身体的暴力を受けて顔面打撲と腕の骨折により救急搬送されたMさんは，面接の際，最初に経済的な生活の困り感を切実に訴えました。夫は自営業で，Mさんも夫の仕事を手伝い，これまで自転車操業で何とか家計をやりくりしてきました。Mさんには子どもが4人いましたが，そのうちの一人は重度の自閉スペクトラム症と診断されていました。夫は逮捕されましたが，Mさんは，夫が働けないと取引先からの信頼を失うこと，住宅ローンが払えなくなること，子どもの食費にも困ることから，提示された一時保護を希望せず，被害届を取り下げました。自閉スペクトラム症の子どもは環境の変化がとても苦手で，慣れない場所だとパニックになります。ローンを組んで建てた家はMさんにとってはとても大事なものであり，子どもの生活を守ることをMさんは何より大切にしていました。このようにDVと家族の経済状況，そして被害者の意思決定は，緊密にかかわり合っています。

　他にも，家計を支えるために妻がパートに行くと，そこで浮気していると夫が疑って妻を責め続けたり，上司に文句を言ったりするため仕事を辞めざるを得ないといった，序章のKさんのような事例もよく目にします。これも経済的暴力であり，加害者の行動が家計に影響を与えている例です。また，加害者の暴力によって，被害者と子どもが家庭にいることができなくなり，避難を強いられた結果仕事ができなかったり，住まいを確保するための出費が必要になったりもします。

　さらに，そもそも無理な家計の状況にあるなかで，経済的に生活が成り立たないことがすべて被害者の責任にされていることもあります。序章のKさんの事例では，バイクのローンを組み，部下などに羽振りよく振る舞うという夫の浪費があります。パートをしても夫の嫉妬による妨害で続けることができません。そうした夫の行動によって家計は苦しくなり，給食費が払えなくなりました。このように本当は加害者の行動が家族の生活を厳しいものにしているのですが，学校にはKさんが金銭的にルーズな人だとみられて

いました。経済的暴力もみえにくい暴力であり，DV支配の本質を捉える「メガネ」をもたないと，その内実はみえません。

◆ 社会的暴力

　多くのDV加害者は，被害者に対して行動の監視や束縛をしたり，つながりや社会関係から孤立させるという社会的暴力を他の暴力と合わせて行っています。社会的暴力は，相手を自宅に閉じ込めるといったものだけに限りません。たとえば，友人とランチの約束をしたIさんは，そのことを夫に認めてもらいました。しかしいざ外出しようとすると，「自分だけいい思いをする気か」「洗濯ができていないじゃないか」などと小言が始まりました。それでもどうにか出かけていき，お店で友人とランチをしていると，夫から何度も連絡が入り，ついには電話がかかってきます。夫の不機嫌な様子にIさんは気が気ではありません。少し早めに切り上げて，友人に「ごめんね」と言って帰宅することにしました。このような経験があると，Iさんは友人と会うことを控えるようになります。また，もしあなたがIさんの友人だとしたらどうでしょうか。Iさんを食事に誘うのは悪いのではないかと考えるのは自然なことです。そうしているうちに，気がつくと友人や親族との付き合いがなくなっていきます。

　社会的暴力があると被害者は孤立します。被害者が孤立すると，加害者は被害者を支配しやすくなります。また，社会的暴力の影響で，気がつけば親族や知人との関係が弱まったり，疎遠になったりすることがあります。いざというときに誰にも頼れない，相談する人がいないという状況が生み出され，孤独感を抱きます。さらに，孤独は人の心の健康をも損なっていきます。

　序章のKさんのように，社会的暴力により約束を守れないということが起こると，「約束を守らないルーズな人」「当てにできない」と社会的な信用が低くなり，周囲から本人への信頼が損なわれていきます。これも被害者が孤立し，孤独感を深めていくことにつながります。

◆ 性的暴力

　性的暴力は，DV においてとても多くみられます。被害者が望まない性行為を強要することや同意のない性行為は性的暴力です。一方で，暴力の後のハネムーン期（後述）にセックスが支配を継続する手段として使われている場合もあります。また，断ると不機嫌になるから断ることをあきらめていた人や，本当は望んでいないのに積極的に応じるふりをせざるを得なかったという人もいます。性的暴力はその人の尊厳を奪うものですが，被害者にとって話しにくい暴力でもあります。

　また，妊娠や出産は，被害者と加害者の関係性を継続する要因にもなります。支援現場では，客観的にみて，家庭の子育て力や経済力に見合っていないように思える多子家庭に出会うことがあります。子どもが多いことは一般的には「夫婦仲がいい」と理解されがちですが，背景に性的暴力があるケースも少なくありません。別れたいと思っているときに性的暴力を振るったり，避妊しない（被害者に決定権がない）ことなどにより，妊娠につながるケースもあります。妊娠が，支配と関係性を継続させる手段になっているといえます。

◆ 子どもを利用した暴力

　子どもがいる家庭において配偶者に対する暴力があることは，「児童虐待の防止等に関する法律（児童虐待防止法）」で子ども虐待にあたると規定されています。暴力を見聞きすることが子どもにさまざまな影響を与えることは，近年，認知されるようになってきています。

　また，子どもを守るために相手に従わざるを得なくなることがあります。本人が子どもを大切に思っている（子どもと離れられない）ことを知って，「子どもを置いて出ていけ」と言うことなどもあります。加害者が子どもを取り込み，子どもが被害者に反発したり暴力を振るうよう仕向けたり，行動を監視させるなど，子どもが被害者を思い通りにするための道具となっているケースもあります。加害者が子どもを，パートナーを支配するための「武器」として利用するのです。さらに，被害者と子どもの関係を壊そうとすることもよくみられます。加害者の行動が子どもと親子関係に与える影響について

は第 10 章で説明します。

　また，子どもの発達や行動に関する責任をすべて負わされている被害者も
います。序章の K さんは，子どものケアや安全を守るための負担を強いら
れています。また，子どものおねしょを「おまえの育て方が悪い」と責めら
れていました。

DVのサイクル

　DV には，サイクルがあるといわれています。DV のサイクルとは，加害
者が怒りを爆発させ大きな暴力を振るう「爆発期」，加害者が別人のように
優しくなったり，謝ったり，暴力は振るわないと約束する「ハネムーン期」，
大きな暴力はみられないが加害者がときにイライラし，軽い爆発を起こした
り，怒りやストレスを溜め込んだりする「緊張期」が繰り返されるというも
のです（図1-2 → P.38）。そして，被害者は，ハネムーン期があるために，「暴
力さえなければ」「本当は優しい人」と思い，加害者から離れることが難し
くなるといわれています。しかし，ハネムーン期は長く続かず，期間限定で
す。実際に面接において被害者に DV のサイクルを説明すると，「自身の状
況にぴったり」「別れられなかった理由に納得した」と話す人が多くいます。
　説明の際には，DV のサイクルのなかにいると，大きな暴力がない「緊張
期」にも，被害者は，いつ暴力があるのだろうか，いつ気分が変わるのだろ
うかとビクビクしながら生活することになること，つまり，加害者の顔色と
機嫌をうかがう日常のなかで消耗し，被害者自身の主体性や健康さが奪われ
る可能性があることを伝えます。精神的暴力が優勢な相談者に対しては，「大
きな暴力は起こりにくい反面，離別のきっかけを得にくく，次第に無力化さ
れていく場合もあります。また，いつも無視してくる相手が，少しうなずい
てくれた・反応してくれたといったことが，ハネムーン期として作用するこ
ともあります」と説明してきました。
　その他にも，かつてはハネムーン期がみられたが現在はみられなくなって

図1-2 面接ツール：DVのサイクル（増井 2022）

いるケース，加害者に完全に支配されており大きな暴力を受けること（爆発期）はほとんどないが，相手の顔色と機嫌をうかがって生活する緊張期のような状態に日常的に置かれているケースなどもみられます。

　序章のKさんはどのような暴力を受けているでしょうか。事例から読み取れる範囲で，チェックをしてみました（図1-3）。多くの項目にチェックがつくとともに，性的暴力など把握できていない暴力があることもわかります。「謝ってくれた」「もう大丈夫」と話していることから，DVのサイクルのなかにいるともいえます。

図1-3　Kさんが受けている暴力

身体的暴力
からだへの暴力

- ☑殴る
- ☑蹴る
- □首を絞める
- □突き飛ばす
- ☑押し倒す
- ☑腕をつかむ・引っ張る

精神的暴力
こころへの暴力

- ☑どなる
- ☑脅す
- ☑ばかにする
- □無視する
- □物を投げる・物を壊す
- □刃物を出す
- □自殺をほのめかす

経済的暴力
生活費やお金に関する暴力

- ☑生活費を渡さない
- □自由にお金を使わせない
- ☑外で働くことを嫌がる
- ☑家計の責任をあなた一人に負わせる
- □借金の強要
- ☑誰のおかげで生活ができているという・浪費する

社会的暴力
人や社会とのつながりへの暴力

- ☑友人や身内との付き合いを制限する・仲良くすることを嫌がる
- ☑自由に外出させない
- ☑スマホをチェックする
- ☑行動をチェックする
- ☑浮気を疑う・激しい嫉妬

性的暴力
性に関する暴力

- □望まないSEXや行為を強要する
- □身体や性に関してひどく傷つけることを言う
- □避妊をしない
- □裸の写真を撮る
- □SNSで流す（と脅す）

子どもを利用した暴力

- ☑子どもの前で暴力をふるう
- □子どもに危害を加える
- □子どもを取り上げようとする
- ☑子育ての責任をあなた一人に負わせる
- ☑子どもの前で非難する
- ☑子どもとあなたが仲良くするのを嫌う

パートI　DV支配の本質的理解

Point of View ❶

境界線を伝える

　相談支援機関につながってくる相談のほとんどは，人と人の間に
ある境界線をめぐる問題とみることができます。よって，対人援助
の仕事をする人は，境界線の問題を扱う専門家といえます。とりわ
け，DV被害者／女性相談支援機関ではほぼすべての事例がこれに
あてはまると言っても過言ではありません。

　境界線は，人と人の間にある，個を保つための見えない線です。
たとえば，殴られることや同意なく身体を触られることは，身体的
な境界線の侵害といえます。思ったことを言うと怒鳴られる，顔色
と機嫌を常にうかがわないといけないといった状態は，心の境界線
が脅かされているといえます。お金を奪われる，自由に友人や親族
に会えないといった状態は，社会的境界線が脅かされているといえ
ます。夫婦であっても，恋人同士であっても，親子であっても，親
しい友人同士であっても，人と人の間には境界線が存在します。し
かし，親密な関係性において境界線が脅かされやすいという現実が
あり，その代表的な例がDVです。

　筆者はDV被害者に限らず，親子間の葛藤を抱えている人や，職
場の人間関係について相談してくる人などに対しても，自分と他者
との間には本来境界線があること，境界線をめぐる問題が起こっ
ているかもしれないということを，初回の面接で伝えています（図
1-4）。そして，境界線について説明し，境界線が脅かされていないか，
脅かしてしまっていないかということを話し合います。境界線が脅
かされている場合は，本当はNOを言ってもいいことを伝えます。

　一方で，暴力を振るう人や強圧的コントロールを行う人に対して

図1-4 面接ツール：人と人の間には境界線があります (増井 2022)

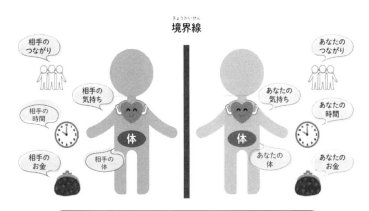

は，個人が頑張ってもNOを言うことが難しいという理解も必要です。NOを言えない本人が悪いのでも弱いのでもなく，世の中にはとても巧みに境界線を脅かしてくる人や，境界線を脅かすシステムがあります。これは，境界線の問題を一人で解決することは難しく，支援やサポートが必要なこと，DV被害者支援のシステムが世の中に必要であることを意味します。

女性相談では，子どもの進路選択に納得できない，他の人のことが気になって仕方ないというような相談もあります。その場合にも，境界線について説明し，境界線を越えてしまっていないか，境界線を引いていくにはどうすればよいかを話し合います。

彼氏からデートDVを受け，妊娠している19歳の女性に面接したときに，境界線の話をしました。彼女は，「こんなこと，もっと早く知りたかった」と言いました。学校教育では，「人に優しく，

みんなで協力し合いましょう」と教えられます。本来は，人と人の間には境界線があって，安全や安心でないことには NO を言ってもよいこと，他の人の境界線を侵害してはいけないことを伝えていく必要があるのです。

第2章
強圧的コントロールを理解する

強圧的コントロール（Coercive Control）とは

　前章では，DV理解の基本として暴力の種類について説明しました。これらの暴力に1つまたは複数のチェックがつけばDVなのか，身体的暴力が一度あればDVなのか，と質問を受けることがあります。この問いに答えるには，暴力の種類から理解を一歩進める必要があります。すなわち，DVの本質は，一度（もしくは複数回）の暴力事件やエピソードではなく，強圧的で支配的な言動を用いて，相手の自由と権利を奪う加害者の行動のパターンであるということです。この理解は，近年欧米で多用されるようになっている「強圧的コントロール（Coercive Control）」という概念がもたらすものです。

　強圧的コントロールとは，「被害者の自由を奪い，被害者の自己感覚を剥奪しようとする加害者の行動パターン」と定義されます。2007年にエヴァン・スタークが，強圧的コントロールは女性が虐待される最も一般的な状況であるだけでなく，最も危険な状況でもあることを示しました（Stark 2007）。

　加害者が用いる強圧的コントロールの手口は，身体的暴力だけでなく，脅迫，監視，貶め，孤立化，生活のコントロール，経済的コントロール，日常的なレイプなども含む性的暴力が主なものとなります。

　スタークによると，たとえば，脅迫では，恐怖，依存心，服従，忠誠心，羞恥心を植えつけます。加害者は，文字通りの脅迫（子どもや大切な人に危害を加えることも含む），監視とストーカー行為，貶めと自尊心の否定という3つの

方法でこうした効果をもたらします。脅迫は，女性が過去の経験から，相手がそうしかねないと感じていることに大きく依拠しています。

　孤立化は，加害者がパートナーを孤立させることで秘密をもらさないようにする，依存心を植えつける，パートナーの独占的な所有を示す，パートナーの能力や生活資源を独占する，援助を受けさせないために行われます。孤立させることは，女性が社会的役割を選択し果たしていくことを制限する，社会的支援を受けることや承認されることを妨害する，受容される場所を奪う，生活設計や自己表現を妨げることになります。

　また，基本的な生活に必要なもの（食料，衛生的環境，お金など）へのアクセスや利用の制限，服装，歩き方，話し方，くつろぐことに至るまで女性の日常生活を規制すること，子どもへの強圧的コントロールも，女性を支配する手口の１つとして説明されています（Stark 2023）。

　強圧的コントロールを行う加害者は，身近な他者に対して，長期間にわたり，執拗かつ広範囲な手口を用い，「言う通りにしないと，大変なことになる」と思わせます。そして相手が自身の意見を主張すると，罰するような行動をとります。

　このような強圧的コントロールにさらされると，被害者は孤独感を抱くとともに，自分がおかしいのではないかと思うようになります。また，自分の思うように行動することや，思ったことを普通に発言することが安全ではなくなるため，次第に，加害者の機嫌や顔色をうかがい，言動を「自己規制」するようになります。つまり，加害者の強圧的コントロールによって被害者は，自由に感じ，考え，行動することができる一人の人間としての権利を侵害されるのです。

　スタークは，強圧的コントロールを「強圧」と「支配」の２つの側面から理解する視点も示しています。強圧（的行動）は「特定の行動を強要したり，ある行動をとらせないために力や脅しを用いること」，支配（的行動）は「間接的に従うことを強制する収奪，搾取，命令の構造的形態」と定義されます。強圧と支配が同時にもたらされると，自由のない状態が生まれます。強圧（的行動）には即効性が伴いますが，限定的場面で短い時間に行われます。一方，

支配（的行動）は，即効性には欠けますが，特定の時や空間に限定されることなく行われます。加害者が強圧的行動と支配的行動を組み合わせて用いることで，被害者は自由のない，囚われている状態を経験することになります。

強圧的コントロールによるDV理解の広まり

　強圧的コントロールはスタークが提唱して以来，海外ではDVの本質を理解する用語として重視されています。イングランド，北アイルランド，スコットランド，オーストラリア，カナダ，米国の各州において強圧的コントロールに基づく刑法および家族法が制定されているほか，イングランド，スコットランド，米国の多くの地域で，DVの定義として強圧的コントロールが用いられるようになっています（Stark 2023）。

　イングランドでは，親密な関係や家族関係における「支配的かつ強圧的な行動（Controlling or Coercive Behaviour）」を犯罪の1つとして定めた重大犯罪法が2015年に施行されています。対象となる行為の例として，友人や家族から孤立させる，デジタル技術を用いて監視する，（行く場所，会う人，着るもの，寝る時間などの）日常生活を統制する，「おまえには価値がない」などと繰り返し言う，プライバシーをさらすと脅す，などがあげられています。これは，強圧的コントロールという家庭内の虐待が重大な犯罪であるというメッセージを送り，身体的暴力や大きな事件がなくても繰り返しまたは継続的な虐待を経験している被害者を守るために制定されたものです。この法律の運用にあたり，強圧的コントロールは主に女性・女児に対する暴力の一形態であるという理解のもと，異性関係における支配的あるいは強圧的な行動を特定する際には，関係性における権力とコントロールの文脈でのジェンダー役割を考慮することの重要性が示されています（Home office 2015）。なお，イングランド北西部の警察が関与したケースでは，被害者の96.1％が女性であり，女性の被害率が高いことが明らかになっています（Barlow et al. 2019）。

　また，2018年に米国連邦政府機関であるChildren's Bureau（Capacity

Building Center for States 2018）が公表したマニュアル『DV を経験する家族における子どもの保護』（以下，米国子ども庁マニュアル）でも，強圧的コントロールという言葉が使用され，DV が背景にある子ども虐待の支援や介入の根幹をなす概念となっています。

強圧的コントロールの兆候

オーストラリアの被害者支援機関のガイドには，「被害者自身がパートナーの行動をチェックするための強圧的コントロールの 12 のリスト」として，以下が示されています（Relationships Australia 2021）。被害者に現在の状況について尋ねる際に活用できるでしょう。

① サポートシステム（友人，家族，支援者など）から孤立させる。
② あなたの行動をさまざまな方法で監視する。
③ あなたの自由と自主性を否定する。例：出勤や通学を制限する，交通手段を制限する，外出時のつきまとい，スマホなどのパスワードの変更・管理など。
④ 嘘と真実の操作（ガスライティング）。加害者は，自分が常に正しいと主張することによって，あなた自身の真実，経験，正気を疑わせ，たとえそれに矛盾する証拠があっても，ある状況について自分の物語を植えつける。
⑤ 悪口や酷評，悪意のある侮蔑を行う。
⑥ 金銭への自由なアクセスを制限し，金銭を管理し，経済的に支配する。
⑦ 伝統的な性別役割分業を強いる。
⑧ 子どもをあなたに敵対させる。加害者は，子どもの前であなたに対して批判的な発言をしたり，あなたをけなしたり，あなたがダメな親だと言ったりすることで，子どもを「武器」にする。
⑨ あなたの健康や身体をコントロールする。加害者は，あなたの食事，睡眠，

運動，トイレの時間などを監視し，管理する。また，医療等を受ける
ことや服用する薬を管理することもある。

⑩ 家族や友人と過ごす時間について，嫉妬深く言いがかりをつける。

⑪ 性的関係を強要する。たとえばセックスをする頻度や，行為の種類を
強要する。

⑫ あなたの大事な人（子どもや家族，ペット）を傷つける，傷つけると脅す。

身体的暴力と強圧的コントロールの関係

　強圧的コントロールは，単回もしくは複数回の暴力エピソード，身体的暴
力の有無また関係性（別居・同居，婚姻関係など）で理解するものではありません。
カッツは，単回の事件やエピソード，身体的暴力の有無，関係性に基づいて
DVを理解しようとすると，強圧的コントロールの加害者が身体的暴力以外
にも，感情的／心理的虐待，監視，マイクロマネジメント，孤立化，経済的
虐待，性的暴力など多くの手口を用い，しかもそれらの手口を継続的かつ累
積的に使用している事実を軽視することになると指摘しています。強圧的コ
ントロールの被害者は，身体的暴力を受けていなかったとしても，あるいは
数年にわたり大きな暴力がなかったとしても，支配の影響を受けているので
す（Katz 2022）。

　日本では，身体的暴力の有無やその大きさ，また最近あったかどうかを重
要視する傾向があります。もちろん，モラルハラスメントなどの言葉が普及
するとともに身体的暴力以外の行為も不適切であることの理解が進んではい
ますが，身体的暴力より軽微と認識されがちです。たとえば，女性相談支援
センターの一時保護において，身体的暴力がないから危険度や緊急性が低い
として受け入れてもらえなかったという市区町村の困り感を耳にすることが
あります。刑事事件では刑法に基づいて，基本的に1つの事件をみて，処
罰の検討がなされます。そこで直接的な身体的危害がみられない，もしくは
身体的損傷が重篤でない場合は，軽微な事件とされ，事件化されないことが

通常です。

　しかし，DV には，親密で継続的な関係性のなかでみられるという特徴が
あります。よって，一度の暴力エピソードや直接的な身体的危害にのみ着目
して理解することは，支配とコントロールの本質を見逃してしまうことにな
ります。支配構造や人間関係の力動の視点をもつこと（点ではなく線で捉えるこ
と），加害者の一連の行動パターンをみていくことが重要であり，その本質
的理解を提供してくれるのが，強圧的コントロールという概念なのです。

　だからといって，身体的暴力を軽視してよいわけではありません。身体的
暴力や身体に関わる脅迫は，恐怖や命の危険を感じさせます。力で抵抗でき
ない，かなわないと痛感した経験は，その他の手口と組み合わせられることで，
被害者の強圧的コントロールによるダメージを大きくします。つまり，身体
的暴力は，加害者が用いる強圧的コントロールの強力な手口の１つなのです。
生物学的に男性より体格が小さく力が弱い女性は，その影響を強く受けます。

　強圧的コントロールは，身体的暴力が使われるにせよ使われないにせよ，
加害者は複数の手口を用いて，被害者を従属的および依存的にし，恐怖のな
かで生きることを強いるものです。スタークはこれを，「卵の殻の上を歩く」
と表現しています。被害者は対処が及ばないことに対処させられている状態
であり，日常の生活において強い緊張を強いられます。強圧的コントロール
は，DV・虐待の手口として最も一般的な状況であり，最も危険な状況でも
あるのです。

　支援現場につながってくる「DV ケース」が，すべて明らかな強圧的コン
トロールを伴うわけではありません。後で説明する「状況的暴力」「状況的カッ
プル間暴力」と呼ばれるものもあります。しかし，多くの DV 事案には加
害者の強圧的コントロールとその行動パターンがみられ，大人と子どもの被
害者に非常に深刻な影響を与えています。

　強圧的コントロールの「メガネ」を取り入れると，加害者が被害者に行っ
ている虐待の手口とその影響をより正確に把握できます。複数の手口が加害
者によって継続的に使用されるという行動パターンとして理解することが可
能になるのです。

強圧的コントロールの手口

　カッツは，強圧的コントロールの手口や行動の例を，多様な先行研究の分析から示しています（Katz 2022）。加害者がどのように被害者の自由や自己感覚を奪っているのかを理解することで，DV の本質をより捉えやすくなります。以下にカッツの記述を引用します。

（1）感情的・心理的虐待

　大声を出す，けなす，罵倒する，嘲笑する，侮辱する，問い詰める，軽蔑する／愛情・楽しい時間と感情的冷淡さ・残酷さを組み合わせて，飴と鞭として用い，被害者が加害者の思う通りに行動し，感じるように習慣化する／謝罪や改善の約束をすることで，偽りの希望を与える／自分の虐待行為を否定し，最小化し，他人のせいにする／被害者の「欠点」を指摘し続け，自信や自尊心，自己効力感を傷つける／被害者が精神的に病んでいると思わせたり，自身の記憶や現実の認識を疑うように仕向けるガスライティング／被害者の大切な人が心理的・身体的・性的虐待を受けていることを見せつける・聞かせる・認識させる／被害者を心理的あるいは経済的に強く依存させたうえで，別れる・浮気すると脅す／被害者が大切な人に愛情を示したり，注意を向けたりすることを妨害する／強圧的コントロールに逆らうと子どもやペットから引き離すと脅す／被害者の個人情報を他人に漏らすと脅す／周りの人が自身を笑いものにしたり，憎んだりしている・気にかけていないと思い込ませる／被害者が加害者に対して抱く共感・罪悪感・つながり・責任感，加害者を助けたい・癒したいという気持ちを操作し，被害者が自分自身の最善の利益に反する行動をとるように仕向ける／自殺すると脅したり，自殺未遂をしたり，実際に自殺する。あるいは，被害者が従わなければ，ストレスや動揺のため死んだり，重い病気になると言う／持続的な虐待行為によって，被害者に恐怖，絶え間ない心配と過度の緊張，羞恥心と自責の念，感情的疲労，絶望を与え，メンタルヘルス

不調を作り出す

（2）生活のコントロール（時間・空間・移動のコントロール）

日常生活や日課，選択，外見，行動のマイクロマネジメント／被害者が望む以上に，加害者と過ごす時間をとるように強要する／人生が大きく変わるような選択，たとえば結婚や新しい地域への引越しを強要する／被害者がこなさなければならない活動，とくに家事についてリストを作る／被害者が自分で基本的な意思決定をすることを制限する／活動に対する時間の制約や門限を理不尽に設定する／被害者に特定のスタイルの服装・髪型・化粧を強要する／被害者が食べるものを管理する／被害者が楽しんでいる遊びや余暇活動を妨げる／被害者から，移動手段など日常生活に必要な資源を奪う／被害者が親としてどのように振る舞うべきかを指示したり，細かく規制したりする

（3）デジタル技術の使用を含む監視とストーカー行為

被害者を監視・尾行する／被害者からプライバシーを奪う／被害者の電話や手紙をチェックし，連絡先や通信を監視する／被害者のオンラインでの活動を監視する／頻繁に，侵害的に電話・メッセージ・ビデオ電話をかける／被害者の身辺・所持品・車・自宅にGPSの監視装置を設置する／他者（子どもを含む）に監視やストーカー行為をするよう指示したり，本人が知らないうちに他者を利用したりする

（4）性的虐待

レイプや性的な強要（被害者が望んでいない性行為や，屈辱・恐怖・苦痛を感じる性行為を強要）／子どもへの性的虐待／不倫や性行為に対する被害妄想／画像を用いた嫌がらせ，被害者の性的健康，過去の性的体験，性的嗜好の詳細を他者に明かすと脅す／被害者の性的尊厳を貶め，非人間化する／生殖の強要（避妊の妨害や子どもを産むか産まないかの強要）／売春の強要，第三者との望まない性行為の強要

（5）経済的暴力（被害者の就労・事業・就学を妨害することを含む）

被害者の収入・財産・貯蓄の一部または全部を不当に取り上げる／被害者が金銭・財産・貯蓄を保有することを妨害する，利用できる金額を制限する／被害者に，プレゼントや外出，休暇などの過度な出費を強要する／生活費の支払い・家計への協力・子どもの養育費の負担を拒否する／被害者に借金を負わせる／被害者が加害者に借金や債務を負っていると虚偽または不当に主張する／被害者の信用情報に悪影響を与える／被害者への腹いせや支配を継続するために，費用のかかる法的手続きに執拗に巻き込む

（6）孤立させる（家族や友人，専門家などの支援からの孤立）

支援にアクセスすることを禁止する／支援を受けることに実質的な支障を作り出す（すべての面談に同席する）／家族や友人に接触したり，相談したり，専門家の支援を受けるのを思いとどまらせるために情報操作や脅迫をする／大人の被害者と子どもを互いに孤立させる／子ども同士を孤立させ，きょうだいの絆を弱める

（7）信仰の妨害・強要にかかわる虐待

被害者の信仰を嘲笑する／宗教的行為を妨害する／被害者が納得できない宗教的行為を強制する／虐待を正当化するために宗教を利用する

（8）他者を利用するために操作し手なずける

味方を得てさらに被害者をのけものにしたり，オンラインや対面で不当な扱いを受けさせたり，無力化させたりする／加害者自身の肯定的なイメージを作り上げる（理性的，論理的，とても才能がある，尊敬に値する，高い道徳心，寛大，楽しい，格好良い，面白い，優しい，思いやりがある，献身的，複雑だが大抵は良い人，同情に値する，苦労している，不当に苦しんでいる，不正の犠牲者 など）／被害者の人格的イメージを貶める（虐待的，粗暴，アルコールまたは薬物依存，精神異常，情緒不安定，性的に奔放，宗教的規律を欠く，冷淡，ヒステリック，自己中心的，自己愛的，悪い母親，ふられた女，執念深い元恋人，金目当て，注目・名声を求めている，手に負え

ない若者，言いなりになっている子ども，嘘つき，大げさ，空想家 など）

（9）機関や制度，支援を悪用する

　被害者を操作する・脅す・信用をなくす・傷つけるために刑事司法制度や在留資格，裁判所を悪用する／学校，保健・メンタルヘルスサービス，社会福祉サービスを悪用する／銀行，宗教組織，住宅支援，慈善団体，NGO などを悪用する

（10）違法（犯罪）行為の強制

　被害者に対して犯罪行為や違法な行為を強要する／言うことを聞かないと警察に通報すると脅す

（11）被害者本人や大切な人（ペットも含む），その財産に対する物理的虐待・暴力・殺傷を加えるという威圧や脅迫

　被害者に恐怖を植えつけるために車などを乱暴に運転する／みずから，あるいは誰かを雇って人を叩きのめす・火をつける・酸をかける・殺すなどと脅す／被害者を威圧する・将来的に殺す気があることを示すために銃などの凶器を見せたり，持ったり，直接脅したりする／家を燃やすと脅す

（12）被害者本人や大切な人（ペットも含む），その財産に対する物理的虐待・暴力・殺傷

　物を壊す，車へのいたずら／押す，髪を引っ張る，揺さぶる，平手打ち，蹴る，重い物を投げつける，殴る，噛む，やけどを負わせる／首を絞める，息ができないようにする／壁に投げつける，突き飛ばす，投げ倒す，階段から突き落とす，走行中の車から降ろす／性器を傷つける，刃物のような凶器で傷つける／被害者の見た目・健康状態・身体に生涯残る後遺症を与えるような暴力や傷害，自殺未遂や自殺に追い込む／身体的に有害で苦痛をもたらすその他の行為（食料・水・快適な温度・住居など生命維持に必要なものを奪う など）／拘束，縛る／部屋の隅にひざまずかせる，長時間の正座／服薬・

医療・治療へのアクセスを制限する，不要・有害な薬物を飲ませる，身体
や心に対して不要・有害な医療を受けさせる，「医学検査」と称する不必
要な「処女検査」を受けさせる／薬物・毒・漂白剤・酸のような有害物質
の投与／睡眠や休息を奪い疲労困憊させる／排尿などの生体機能・月経の
処理などを尊厳ある方法で行えないようにする／衛生状態や身だしなみを
保つことを阻害したり，過度に要求する／移動に必要な車いすなど障害を
軽減する福祉制度を使わせない／食事の制限，過食の強要，過度の運動，
過度の飲酒や薬物乱用，望まぬ身体改造など苦痛あるいは有害な行動の強
要

　こうした手段により，加害者は，被害者の人格や自由を侵害し，ダメージ
を与えます。日本の支援現場でも耳にする加害者の行動が示されていますが，
強圧的コントロールという「メガネ」がないと見過ごされていたものもある
ことに気づきます。
　この一覧が，実践上の示唆を与えてくれると筆者が感じる点がいくつかあ
ります。
　まず，たとえば「(12) 物理的虐待・暴力・殺傷」にあげられた例は，殴
る・蹴るという身体への直接的暴力にとどまらず，長時間の正座や睡眠を奪
う，服薬・医療・治療へのアクセスの制限，食事の制限，過食や過度の運動
の強要なども含み，広く身体的苦痛や健康に影響する行為として，支配の本
質をより捉えていることです。また，「(8) 他者を利用するために操作し手
なずける」は，味方を得てさらに被害者をのけものにしたり，被害者を否定
的に見せたりして，被害者の人格的イメージを貶めることも含みます。そし
て，「(9) 機関や制度，支援を悪用する」は，そうしたことも被害者の強圧
的コントロールの1つとして使われることを示しています。
　さらに，「愛情・楽しい時間」と「冷淡さ・残酷さ」の組み合わせや，「謝
罪や改善の約束をすることで偽りの希望を与える」ことも強圧的コントロー
ルの手口としています。これは，DVのサイクルのハネムーン期に当たると
いえますが，強圧的コントロールの一形態である「(1) 感情的・心理的虐待」

の１つとして分類されています。

　カッツは，このリストは広範囲であるが完全に網羅することは不可能であり，他の手口も用いられる可能性があること，加害者の行動の多くは重複しており，２つ以上の項目に分類されるものも多いこと（「(6) 孤立させる」「(8) 他者を利用するために操作し手なずける」など），これらの手口は加害者が被害者と別れる前でも後でも使用でき，実際に使用されていること，大人だけでなく子どもや若者もターゲットにされていることを説明しています。

　加害者はこれら複数の行動を組み合わせ，被害者の自己感覚と自由を奪います。自由とは，心配や恐れなしに自分のペースで考え，思ったことを話し，行動できることであり，自身の基本的ニーズを満たすための日常生活に関わるものです。

　序章のＫさんの事例で，該当する（と思われるものに）下線を引いています。夫が身体的暴力以外も含めた多様な強圧的コントロールを行っていることがみえてきます。それにより，Ｋさんは自身の主体的な考えに基づいて行動することが制限されているといえます。一方で，すべてを奪われているわけではなく，抵抗したり，子どもの日常を守ろうとする強さもみてとれます。しかし，この抵抗が「被害者から手を出した」「本人も悪い」と加害者のさらなる強圧的コントロールを正当化する理由にされたり，本人の非であるとみなされたりすることも，事例からは読み取れます。

現場で出会う「DV」── 状況的暴力と強圧的コントロール

◆ 状況的暴力

　支援現場では，強圧的コントロールを伴わない「DV」にも出会うことがあります。つまり，加害者が被害者の自由を奪い，自己感覚を剥奪するという意図やコントロールがみられないなかで起こっている身体的暴力も少なからずあるのです。そのような暴力を，状況的暴力や状況的カップル間暴力（以

下，状況的暴力）といいます。

　強圧的コントロールを伴う DV は，加害者が相手に対するパワーと支配を維持しようと一貫して力を注ぐというパターンを形成しますが，状況的暴力は必ずしもそのパターンをとらず，通常，カップルの一方または両方が暴力で対立を処理する場合にみられます。状況的暴力では，暴力は状況に固有で，一般的には軽微で時間とともにエスカレートすることなく，相手に対してパワーや支配力を行使しようとする継続的な努力はみられません。また多くは，加害者のコミュニケーションスキルが低く，身体的・言語的な攻撃に頼らず議論する方法を知らない傾向にある場合に起こっています。だからといってその暴力は容認されるものではなく，犯罪行為であることに変わりはない点に注意が必要です（Blackburn Center 2015）。

　支援現場では，強圧的コントロールを伴う DV と，状況的暴力の側面が強い DV のどちらにも出会うことがあります。いずれも暴力であり，不適切であることは確かですし，状況的暴力の側面が強くてもやはり相手を思い通りにしたいときに使われることが通常です。

　　事例：N さんは，しっかりした人で，夫がゲームにたくさんお金を使うことから，夫の収入も含め N さんが家計を管理していました。N さんには知人がたくさんいて，親族との交流も頻繁ななかで，仕事をし，子育てをしています。あるとき，夫がゲームに十数万円の課金をしていることがわかりました。N さんは夫を問いただしました。夫は黙り込み，うなった後，N さんを突き飛ばし，家を飛び出していきました。N さんは頭を打ちました。N さんはこのことをきっかけに離婚を考えるようになっています。

　この事例では，身体的暴力は間違いなく起こっています。浪費が過ぎるという点では経済的暴力にもチェックがつきそうです。しかし，日常生活において，N さんは夫から監視されたり，自由を奪われたり，罵られたりすることはありません。自己感覚を剥奪するような行動もみられず，生活や家計

管理の主体はどちらかといえば N さんです。離婚をしたとしても，夫から脅されるといったことは考えにくく，仕事を辞めて避難するなどの必要もないと考えられます。これらの点から，上の事例は，コミュニケーションが下手，もしくは身体的・言語的な攻撃に頼らず話し合う方法をあまり身につけていない夫による状況的暴力の側面が強いといえます。ただし，単回であったとしても身体的暴力が N さんに恐怖を与えたことは事実ですし，突き飛ばす行動は容認できるものではありません。実際，N さんは思ったことを夫に話すのを躊躇するようになりました。

　本書では，強圧的コントロールを伴う DV を主に取り上げていきます。被害者にもたらす深刻な影響と継続するリスク，権利侵害を捉えることがとりわけ求められる専門家には，DV 支配の本質と恐ろしさを理解する強圧的コントロールの「メガネ」をもつことが不可欠だからです。

　しかし，状況的暴力と強圧的コントロールを明確に区別するのは難しいことも理解しておく必要があります。私たちは暴力被害者を目の前にしたときに，その人の話が要領を得なかったり，メンタルヘルスの問題や攻撃的な側面があったりすると，実際には強圧的コントロールを受けているにもかかわらず，被害を過小評価してしまいます。また，相互に衝突が繰り返し起こっていると捉えられている関係において，実は，加害者の理不尽な強圧的コントロールに対して，被害者や他の家族が正当な理由をもって抵抗している状況もみられます（Katz 2022）。本当は加害者からの強圧的コントロールがあるのに，「状況的暴力」「ケンカ」と判断してしまっていないか，生き延びるための抵抗をした被害者を加害者とみなしてしまっていないかについては，十分な注意が必要です。

◆ 相互の暴力にみえる場合の留意点

　相談のなかで，DV 被害者とみなされる相談者が加害者に暴力を振るったというエピソードが語られることがあります。また，強圧的コントロールの被害者が身体的暴力を用いて加害者に抵抗したり，それによって逮捕されるといったケースすらあります。あるいは，加害者の強圧的コントロールによ

り，被害者が追い詰められ錯乱状態になったということで，精神科病院に入院になったケースにも出会ってきました。

序章のKさんの事例でも，警察から「相互の暴力」と通告されていましたが，児童福祉／子ども家庭機関ではこのように「どちらも加害者であり被害者」という通告を受けることがあります。この場合，家族力動のアセスメントを行い，加害者を特定することが必要になります。その際，負わせた傷は自分を守るためのものか，どちらの親が一方の親を恐れているか，暴力の目的は正当防衛か懲らしめか，事実上支配をしているのはどちらかなどの視点が必要です（Oregon Department of Human Services 2016）。

DVインフォームドな（DVの正しい理解に基づいた）「メガネ」をもたないと，家族力動を見誤ることになります。DVの特質として，被害者は自分が加害者だと思い，加害者は自分が被害者だと主張する認知の逆転現象がみられます（加茂2021）。また，加害者はしばしば警察や支援機関職員に対して機関への操作性を発揮したり，被害者がおかしい，悪いと思わせるように情報を操作したりすることにも留意が必要です。加害者の操作性については第14章で改めて説明します。

子どもの経験する強圧的コントロール

米国子ども庁マニュアル（Capacity Building Center for States 2018）では，以下のように説明されています。

　（DV）加害者は1つだけの手口で行動するわけではないので，行動パターンを理解することは重要である。加害者は，支配を維持するために，その関係性において複数の手口を用いることが多い。最も一般的にとられる行動は身体的なものではないが，逮捕や事件後に児童保護機関が注目するのは一般的に身体的暴力であるため，課題が多い。加害者は身体的暴力を振るわなくても，かなり危険であり，子どもがそのような行動を目撃した場

合も含めて，その強圧的な行動は，さまざまな形で子どもに危害を与える可能性がある。

強圧的コントロールの「メガネ」をもち加害者の行動パターンを理解することが，子どもへの危害に対応する児童福祉／子ども家庭機関においても重要であることが強調されています。

強圧的コントロールは，大人のDV被害者だけではなく子どもに対しても行われることが普通です。カッツは，DV加害者（父親）による強圧的コントロールが家庭全体を支配していること，パートナーである母親に対して強圧的コントロールを用いるDV加害者は子どもに対しても強圧的コントロールを行い，子どもに直接的な危害を及ぼしていることを，子どもと大人の被害者への調査から明らかにしています。そして，DVと子ども虐待・ネグレクトを“別もの”として捉えることは適切でなく，強圧的コントロールの概念を用いて，子どもと大人の双方に害を及ぼす虐待の多層的な形態として統一的に理解することの必要性，また，子どもと母親の強圧的コントロールの体験が似ていることから，「共同被害者・共同サバイバー」という言葉を使うことを提案しています（Katz 2022）。

DV家庭で育ったある青年は，以下のような経験を語ってくれました。

「幼稚園の頃，母に暴力が向いていたとき，私が幼稚園で作ってきた鯉のぼりの作品を『こんなものいらない』と，全部投げ捨てられた。そして，『おまえらはどっか行け』『子ども3人，もう帰ってくんな』と言われて，公園に追い出された。何時間かして帰ったら，母が家で一人で泣いてるみたいな状況があった」

「お母さんとか弟が父に殴られてるところを見てると，従っとかないと，私が殴られるというよりも，母や弟が殴られるっていう感じだったので，とりあえず従わないといけないと思うようになって，何でも従うようになっていった」

この語りからは,「子どもがDVにさらされている」「暴力を目撃している」という捉え方を超えて,DV加害者は大人の被害者だけでなく子どもの自己感覚も剥奪していくこと,強圧的コントロールの影響を受ける「共同被害者・共同サバイバー」としての母子という視点が求められることがわかります。

　DVに効果的に介入するために,アセスメント,つまり加害者の行動とそのパターンを理解し,それがもたらす大人と子どもの被害者の困難を理解することが肝要です。そのためにも,DV被害者（そうかもしれないと思われる人）に出会った際に,どのような暴力や支配を受けているのか加害者の行動を尋ねること,暴力にはいろいろな種類があると伝えることを基本とし,状況に応じて強圧的コントロールの概念に踏み込んで説明すること,それにより相談者と支援者,関係者がその状況を共有することが求められます。そして,逃げない被害者が悪いのではなく,加害者の行動とその選択が大人と子どもの被害者の生活を困難にしていることを,関係する機関や支援者の共通の理解としていくことが必要です。

Point of View ❷

マイクロマネジメントと
ガスライティング

　強圧的コントロールに含まれ,被害者を効果的に支配するために加害者が用いる手口として,マイクロマネジメントとガスライティングがあります。この2つについて知ると,強圧的コントロールの理解をより深めることができます。

◆ マイクロマネジメント
　加害者の多くは,被害者の日常生活に過度に干渉します。マイク

ロマネジメントは，日常的な行動を細かく管理し，ルールを決めることで，支配とコントロールを維持しようとする手段の1つです（Fontes 2015）。DV加害者が行うマイクロマネジメントには，以下のような行動があります。

- **スケジュールの支配**：日々のスケジュールを細かく決め，自分の許可なく変更することを禁じる
- **友人や家族との接触の制限**：誰と会うか，いつ会うかを制限したり，友人や家族とのつながりを断つように強制したりする
- **食事の制限**：被害者の食事内容や量，時間を細かく決めたり，特定の食品や飲料を禁止する
- **服装の管理**：毎日の服装を細かく指示し，特定の服装やスタイルを強要する
- **メディアや通信の利用制限**：ウェブサイトやソーシャルメディアの利用を監視し，テレビで何を見るかを決めたり，特定のサイトへのアクセスを禁止する
- **家事や育児方法の管理**：掃除，料理，洗濯といった家事や子どもの世話の仕方を詳細に指示し，特定のやり方を強要する
- **感情の表現方法の管理**：喜怒哀楽の表出を制限したり，特定の感情を示すことを禁じる
- **外出の管理**：外出する際には許可を求め，外出先や時間を詳細に管理する
- **美容や衛生のルーティンの管理**：毎日の美容や衛生のルーティンを細かく決め，特定の方法で行うことを強要する
- **性生活の強要**：性行為の頻度や方法に細かい要求をし，被害者の意思を無視して自分の欲求に従わせる

これらの行為はすべて被害者の自律性を奪うものであり，被害者は対処できない状況に対処させられることになります。マイクロマネジメントは被害者を無力にするための効果的な手段なのです。マイクロマネジメントにさらされた被害者が無力化されていく要素としては，①ルールの厳格さと矛盾（ルールが厳しく，ときに矛盾しているため，どのルールを守るべきかわからず，常に失敗する恐れを感じる），②ルールの頻繁な変更（加害者がルールを頻繁に変更することで，被害者は常に不安定な状態に置かれる），③罰の恐怖（ルールに従わない場合，罰を受けるという恐怖があるため，自分の意思をもてない），④心理的プレッシャー（自分の行動が常に評価され，批判されるというプレッシャーにより，自信を失い，主体的に行動できなくなる），⑤性的強制を伴う（性的な虐待を伴うことが多く，身体的および精神的ダメージ，自尊心へのダメージを受ける），が考えられます。

◆ ガスライティング

　ガスライティングは，他者を操作し，その人にみずからの現実感や信念，記憶，感情，または感覚を疑わせるための心理的虐待の一形態です。これは，しばしば強圧的コントロールを行う加害者によって，被害者に対する支配とコントロールを確立し，維持するために用いられます。以下のような手口があります（Kelley 2023）。

- 【否認】自分の行動に対する責任をとらない：細かいことは忘れたふりをする，責任転嫁する，真っ赤な嘘をつく など
- 【聞こえないふり】相手が言っていることに対して，わけがわからないとか，聞こえないふりをして，わからないそぶりをみせる：「そんなことは聞いていない」と言い張る，「いったい何のこと？」ととぼける など
- 【矮小化】相手に自分の考えや希望は分不相応でやりすぎだっ

たと感じさせる：被害者が自分の思いを述べているときに，「感情的すぎる」「大げさな」「ずうずうしい」と軽んじる など

- ●【価値下げ】情報源を疑ってみせることで，相手の話の信ぴょう性に疑問を抱かせる：被害者が信じている情報はでたらめであると指摘する，「自分ならそんな情報は絶対信じない」と言う など

- ●【無効化】事実を裏づける証拠があるときでさえも，相手に疑念を抱かせる手段として出来事の記憶を疑ってみせる：本当に起きたことであっても，「君の記憶はまったくあてにならない」と記憶を真っ向から否定する など

- ●【ステレオタイプ化】性別，人種，民族性，セクシュアリティ，国籍，年齢などに関する否定的な固定観念を利用する：「こういう人たちは……」「みんな……だ」と過度な一般化をすることで，被害者が間違っている，おかしい，怒りすぎるなどの理由や根拠を示そうとする など

- ●【論点のすり替え】悪事について自分がしたことは認めずに，相手のミスを持ち出してコントロールを取り戻そうとする：被害者から物的証拠を突きつけられた際，自分が攻撃をされたと感じ，「そもそもそんなものを持ち出すほうが悪い」と，相手のほうがひどい，薄情者であるかのように思わせ反撃する など

　被害者が混乱し，主体性を失っていく理由として，① 自己への信頼感の崩壊（被害者は自分の思考，記憶，知覚を疑い始め，自分に対する信頼を失う），② 加害者への依存（被害者の現実感が薄れるにつれ，加害者の現実感に頼るよう仕向けられる），③ 孤立（支援ネットワークからの孤立により，他者からの承認や助けを求めることが難しくなる），④ 感情的疲労（常に操作

され無効化されることで，感情的に疲れ果て，はっきり考えることができなくなる），⑤ 報復の恐れ（加害者に対抗するまたは助けを求めるときの反応を恐れ，閉じ込められた感覚と無力感を抱く），などがあげられます。

　この用語は，1944 年に公開されたアメリカ映画 "Gaslight" に由来します。映画のなかでは，夫が妻を徐々に狂気に追いやるために，灯り（ガス燈）の明滅を操作し，妻を混乱させ，主体性を奪っていく場面が描かれています。ガスライティングは，被害者の心理的健康や自己信頼を蝕み，加害者の支配とコントロールを強化します。

　マイクロマネジメントとガスライティングのいずれも，身体的暴力を伴わずとも被害者に混乱をもたらし，日々の生活の安寧や自己感覚を奪っていきます。支援者がこれらに関する知識や敏感さをもっていないと，加害者の手口として理解せず，大人や子どもの被害者にもたらされている苦しみや混乱を見逃してしまいます。適切な支援や介入のために，ぜひ，DV 支配のメカニズムを理解する「メガネ」と「引き出し」に入れておいてください。

Point of View ❸

ケンカと支配の違い

　自身の状況を「ケンカ」と表現する人が，実際は強圧的コントロールを受けている場合があります。面接の際に，いわゆるケンカと支配の違いについてイメージで示し，自身の状況はどちらに近い

図 2-1 面接ツール：ケンカと支配の違い (増井 2022)

ケンカと支配（DVによるコントロール）は違います。

のか尋ねてみましょう（図2-1）。それにより，そのクライエントがパートナーとどのような関係にあるのかが理解ができます。たとえば，以下のような方法があります。

① 自身とパートナーとの関係が図の左・右のどちらか，選んでもらう。
② パワーの大きさが対等か，パワーのやりとりが双方向か一方向か，関係性が横か縦（上下）か，物事の決定権の有無や程度について考えてもらう。強圧的コントロールを受けている多くの人は右を選ぶ。左を選ぶ人のなかには，暴力を受けながらも，自分が相手を怒らせている，単なるケンカだと思っている人や，ケンカであると相手に思わされている人もいる。
③ 対等な話し合いができるか，話し合いの際に自分の意見が言

えるか，相手はあなたの意見を大切にしようとするかを考え
てもらう。
④ 片方が小さくなっているのは，相手がいろいろな種類の暴力
をあなたに対して使い，あなたの力を奪っている可能性があ
ることを説明する。

　このシートを面接で実際に示すと，「ケンカ」と言っていた人が
右を選び「自分には物事の決定権はない」と話すことがよくありま
す。「物事の決定権」は，強圧的コントロールを理解する鍵といえ
ます。一方，明確に左を指さして，自分も強い，対等にやり合って
いる，物事の決定権は自分にある，もしくは対等だと話す人もいま
す。そのような人は，状況的暴力の様相が強い状況でつながってき
た可能性が高いといえます。その場合は，人と人の間にある境界線
の説明をするとともに，アサーティブなコミュニケーションや，怒
りなどの感情が高ぶったときのクールダウンの方法などを面接で扱
い，関係のあり方を考える機会とすることができます。

第3章

どのような状況の被害者に
出会うのか
── DV被害者支援のためのステージモデル

物理的ステージと心理的ステージ

　支援現場ではさまざまなDV被害者に出会います。では，そうしたDV被害者は，どのような状況にあるのでしょうか。それを整理するためのモデルが「DV被害者支援のためのステージモデル」（以下，ステージモデル）です。

　DV被害者の相談において，「『あなたは悪くない』と伝える」「セーフティプランを一緒に考える」ことの大切さは，筆者がDV被害者支援に関わり始めた2000年頃に受講した研修でもよく言われていました。もちろんそれは大切である一方，さまざまな被害者に出会うなかで，それだけでは足りないことを感じました。その経験を足場として，DV被害者へのインタビュー調査結果から導き出したのが，ステージモデルです（増井2019）。

　ステージモデルでは，「物理的ステージ」と「心理的ステージ」（図3-1）の双方から，被害者の現在のステージや辿ってきたプロセスを捉えます。ステージにより相談者の希望・ニーズや優先される支援が異なってくることから，目の前の相談者がどのステージなのかを考えながら関わることが重要です。

◆ 物理的ステージ

　物理的ステージとは，加害者との同居・別居など，被害者が生活している場の状況を指します。

　Aステージは，被害者が加害者とともに暮らしている，もしくは直接的

図 3-1 物理的ステージと心理的ステージ

物理的ステージ	心理的ステージ
【A ステージ】 加害者と同居（加害者とともに暮らしている） **【B ステージ】** 一時避難中（家を出て役所や警察にいる，一時保護中，実家に避難中等） **【C ステージ】** 加害者と別居（当初），生活の再生期（新住居で生活，実家で生活，施設に入所中等） **【D ステージ】** 加害者と別居，「私」の新生期（離別後の生活がすっかり日常になっている）	**【Ⅰステージ】** 離別の意思なし，もしくは迷いあり（関係を継続したい，もしくは関係に迷っている） **【Ⅱステージ】** 離別の意思あり（決定的底打ち実感）

な支配や暴力を受ける状態が現に続いている状況を指します。同居していない交際相手の場合でも，交際中に支配や暴力を直接受けているのであればAステージといえます。また，同居していた加害者と別居したものの，日々会っていたり，日常生活全般に支配や影響が及んでいたりする場合もAステージとみなすことができます。

　Bステージは，一時避難中です。たとえば女性相談支援センターや民間シェルターで一時保護を受けている，実家や知人宅に避難しているなど，一時的に加害者から離れている状況を指します。家を出て役所や警察に助けを求め，その夜は帰れないといった状況も含みます。

　Cステージは，加害者と別居（離別）した初期の状況です。新しい生活を構築していくことが求められる時期です。これまでの居所とは違う場所に賃貸住宅などを借り新しく生活を始めている，当面は実家で生活していく，母子生活支援施設や女性自立支援施設など中期間の利用が想定される施設に入所しているなどの状況を指します。加害者が家から出る形で別居となっている状況も含みます。交際相手からのデートDVの場合は，離別した当初の段階です。

　Dステージは，加害者と別居（離別）後数年が経過し，生活のなかに新た

な"日常"ができている状況です。「私」の人生を新たに生きていくという意味で、「私」の新生期とも呼んでいます。離婚が成立し、加害者との関係が整理できている、加害者がいない日々の暮らしが当たり前になっている、といった状況です。母子生活支援施設などの施設に入所していた場合は、そこから退所し地域で暮らしているなどの状況がこれにあたります。Dステージは直接的には DV 被害を受けているとはいえない状況ですが、DV 被害の影響が長く深く残っており、支援が必要な場合もあります。

◆ 心理的ステージ

心理的ステージとは、加害者との離別に関する被害者の思いや意思の状況をみるものです。

Ⅰステージは、離別の意思がない、または、関係を今後どうしていくか迷っている状況を指します。支援現場では通常、関係を継続している、継続したいと思っている、もしくは関係を続けるかどうか迷っている被害者に出会います。したがって加害者と関係を継続する被害者や家族にどう関わるかの「引き出し」をもつことが、専門家にとって重要といえます。

Ⅱステージは、離別の意思がある状況を指します。筆者が実施した被害者の経験プロセスを分析する研究（増井 2011,2019）では、「限界の限界を超えた」「もうやってられない」「もう無理」という強い内的感覚である「決定的底打ち実感（底打ち）」によって、被害者は離別の決意に至っていることが明らかになりました。このように「底打ち」感を抱き、加害者と離れたい、もう思いはない、もう嫌だと思っている被害者にも、支援現場では出会います。

ステージモデルによる被害者理解

この物理的ステージと心理的ステージを組み合わせ、マトリックスにしたのがステージモデルです（図 3-2）。

縦軸に物理的ステージ、横軸に心理的ステージをとっています。心理的ス

図3-2 DV被害者支援のためのステージモデル

	【Ⅰステージ】 離別の意思なし， もしくは迷いあり	【Ⅱステージ】 離別の意思あり ＝決定的底打ち実感
【Dステージ】 加害者と別居 「私」の新生期	——	D
【Cステージ】 加害者と別居（当初） 生活の再生期	CⅠ	CⅡ
【Bステージ】 一時避難中	BⅠ	BⅡ
【Aステージ】 加害者と同居	AⅠ	AⅡ

（物理的ステージ／心理的ステージ）

テージが重要な軸となっているのは，DV被害者支援は基本的に成人を対象にしており，支援は被害者の意思に応じて行うのが原則だからです。この点は虐待の重症度を主軸に介入を決め，必要に応じて職権保護も行う子ども虐待対応とは異なっています。

　ステージモデルに照らして考えると，たとえば，加害者と同居中（Aステージ）であり，関係を継続したいと思っている（Ⅰステージ）被害者はAⅠステージとなります。加害者と同居中であっても，「底打ち」感を抱いていて別れたいと思っている被害者はAⅡステージになります。

　同じAステージであっても，AⅠステージとAⅡステージではとるべき対応が異なります。たとえばAⅠステージの人に「別れたほうがいい」「すぐに避難したほうがいい」と言っても，関係を継続したいと思っている本人の主観に合わない助言になります。逆に，「もう夫との生活は限界です。いつ暴力が起こるのか不安で，別れたいです」と話すAⅡステージの人に対して，「月2回カウンセリングを実施しています。来月の相談枠に空きがあるので予約が可能です」といった対応をしても，本人の「安全になりたい，加害者と別れたい」というニーズに対応できません。この場合，気持ちや思

いを受容的に聴くだけではなく，どのような生活状況であるかを尋ね，暴力や支配のある相手からどう離別するか，たとえばどこに新たな生活の場を用意するかといった具体的なプランを立てる支援が必要です。つまり同じＡステージであっても，心理的ステージによって，被害者のニーズや優先される対応は異なるのです。

　序章のＫさんの事例を振り返ってみましょう。ステージモデルに照らせば，加害者と同居中，離別の意思は現時点ではみられない（そのような選択肢があると思っていない可能性もあります）ので，ＡＩステージと考えられます。ＡＩステージの被害者（被害者と思われる人）に出会った際，何を聞き，その人の状況をどう理解し，何を伝えるか，どのような支援ができるかについて，「引き出し」をもつことはとても重要です。ＡＩステージの人の面接の展開例については，第8章で紹介します。

　現在，あなたが関わっている被害者がどのステージに該当するか，考えてみてください（図3-3）。被害者が相談場面などで話す典型的な言葉を図3-4に示しています。

　ステージモデルは当初，支援者が支援や介入のあり方を理解し，整理するために作成しましたが，相談者が自分自身の状況や，たどってきたステージを客観視するツールとしても使うことができます。調査や支援場面において被害者に提示すると，多くの被害者が今の自分の状況やこれまでの変化を話し，「自分の状況を客観視でき，すっきりした」と話してくれます。相談者と支援者が一緒に考えることもできるツールといえます。

被害者の経験するプロセス

　ここからは事例をもとに，DV被害者の経験するプロセスをみていきます。まずは2つの事例を紹介し，それぞれの被害者が経験する動きをステージモデルに沿って示します。そのうえで，被害者の経験に共通する6つのプロセスを説明します（増井2021）。被害者の経験はもちろん個別性が高いので

図 3-3　面接ツール：あなたのステージは？（増井 2022）

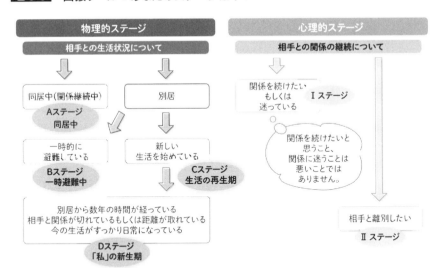

図 3-4　それぞれのステージで被害者が口にする典型的な言葉（増井 2020）

【Dステージ】 加害者と別居 「私」の新生期	———	D 例：「時間が経ち大丈夫なはずなのに暴力の夢をみたり，物音に反応したり，しんどさを感じるときがある」
【Cステージ】 加害者と別居（当初） 生活の再生期	CⅠ 例：「別居したけど新しい生活がうまくいかない。戻ったほうがいいのかと迷う気持ちがある」	CⅡ 例：「別居していて新しい生活をしている。もうもとの関係に戻るつもりはない。でも，いろいろ大変」
【Bステージ】 一時避難中	BⅠ 例：「実家やシェルターに一時的に避難したけど，相手への思いもある。戻ろうかと迷っている」	BⅡ 例：「もう相手と一緒の生活は考えられない。早く新しい生活を始めたい」
【Aステージ】 加害者と同居	AⅠ 例：「暴力があってしんどいと思うときもある。でも関係は続けたい（迷う気持ちもある）」	AⅡ 例：「もう相手との生活は限界。何とか別れたい。離れたい」
物理的ステージ ／ 心理的ステージ	【Ⅰステージ】 離別の意思なし，もしくは迷いあり	【Ⅱステージ】 離別の意思あり ＝決定的底打ち実感

すが，一方で共通する動きもあります。

◆［事例1］Xさん　30代女性（図3-5）

① Xさんは，マッチングアプリで知り合った男性と意気投合した。初め
て会った日に男性はXさんの自宅を訪れ，間もなくXさんの家に入り
浸り，帰らなくなる形で同居が始まった。別にマンションがあると言
いながらも帰らない彼にXさんは違和感を覚えつつも，一人の寂しさ
もあり同居を継続していた。彼は機嫌がいいととても饒舌で，会社を
立ち上げる予定であることを話し，Xさんは頼もしさすら感じた。ほ
どなくXさんの妊娠がわかった。その直後から暴力が始まった。

② 子どものためにも会社を軌道に乗せたい，会社を立ち上げるためのお
金が足りないと言われたXさんは，彼のためならと貯金を渡した。こ
の人とやっていけるのだろうかと不安を感じつつ，出産までにきちん
としなければと婚姻届を提出した。その際，彼に2回の離婚歴がある
ことを知った。入籍後，彼は急に不機嫌になることが増え，Xさんは
彼を怒らせないよう気を遣う生活だった。出産病院で，Xさんの身体
に残るあざや，彼がXさんから離れず監視するような様子に気づいた
看護師から声をかけられ，関係性を問われた。また，市役所の子ども
担当の職員が面接に来て，家庭の様子を聞かれた。その時点では，彼
は生まれてくる子どもの父親であること，子どもが生まれれば変わっ
てくれるのではないかという期待があり，提示された一時保護は希望
しなかった。出産し病院から退院した後，実家に帰してもらえず，子
どもが泣くとイライラする彼の様子に不安を感じるようになった。時折，
保健師が訪問をしてくれた。

④ そんななかで，夜中に彼が暴れため，Xさんは警察に通報した。Xさ
んは子どもとともに女性相談支援センターで一時保護になった。

③ 一時保護当初は子どもから父親を奪っていいのかと揺れていたXさん
だったが，女性相談支援センター職員との面接でDVについての説明
を受け自分に当てはまると感じたこと，彼に頼まれ貯金を渡してしまっ

図 3-5 Xさんの経験プロセス

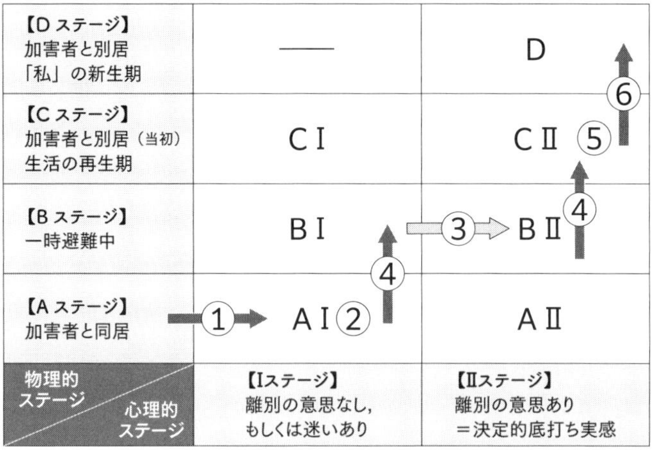

物理的ステージ ／ 心理的ステージ	【Iステージ】離別の意思なし，もしくは迷いあり	【IIステージ】離別の意思あり＝決定的底打ち実感
【Dステージ】加害者と別居「私」の新生期	——	D
【Cステージ】加害者と別居（当初）生活の再生期	CI	CII ⑤ ⑥↑
【Bステージ】一時避難中	BI	③⇒ BII ④↑
【Aステージ】加害者と同居	①⇒ AI② ④↑	AII

たことへの悔恨，これまでの言動への不信感，児童相談所職員から「帰宅するなら，子どもの安全のために子どもの一時保護を検討する」と言われたこと，夫がXさんの実家に行ったことも聞き，子どものためにも一緒の生活は無理，限界だと思い，離別を決意した。

④ 一時保護中に支援を受け，保護命令の申立てを行った。一時保護後は，母子生活支援施設に入所した。

⑤ 母子生活支援施設では，気持ちの揺れ動きや心身の不調が襲ってくることもあったが，子どもを保育所に預けパート就労をしながら，離婚手続きを進めた。離婚の成立を機に実家近くの市営住宅に転居した。

⑥ 今，子どもは5歳となった。実家を行き来しつつ，子どもとともに落ち着いて暮らしている。

◆ [事例2] Yさん　20代女性（図3-6 → P.74）

① Yさんは仕事先で彼と知り合った。彼は当初とても優しかった。一方で店員にえらそうに文句を言う場面を見て不安を覚えたが，彼の理路

図3-6 Ｙさんの経験プロセス

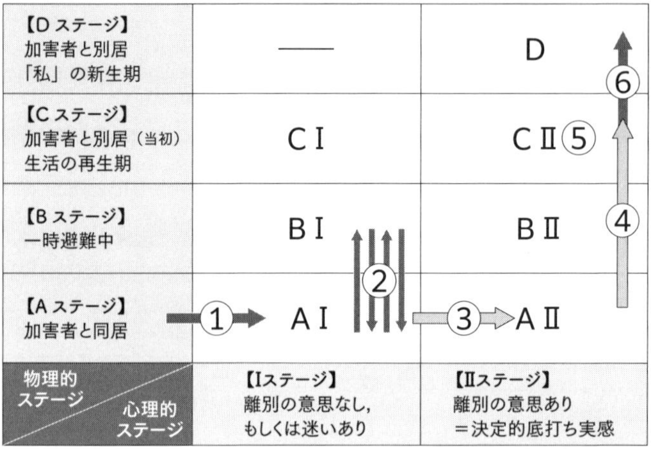

物理的ステージ ＼ 心理的ステージ	【Ｉステージ】離別の意思なし，もしくは迷いあり	【Ⅱステージ】離別の意思あり＝決定的底打ち実感
【Ｄステージ】加害者と別居「私」の新生期	——	Ｄ
【Ｃステージ】加害者と別居（当初）生活の再生期	ＣⅠ	ＣⅡ⑤
【Ｂステージ】一時避難中	ＢⅠ	ＢⅡ
【Ａステージ】加害者と同居	①→ＡⅠ	③→ＡⅡ

整然とした理屈に「なるほど」とも思い，正義感の強い人なのかなと思った。同居することになり，間もなく暴力を受けるようになった。初めて暴力を受けたとき，必死で抵抗したが力の差は歴然としていた。許せないと思い家を出たが，泣いて謝る彼がかわいそうになり戻った。

② その後も暴力はなくならず，知人宅に何度か家出し，世話になったこともあった。しかしときに優しい面を見せることもあり，「おまえを相手にするのは俺だけだ」と言われていたため「彼しかいない」という思いもあった。彼から謝罪のメッセージもあり，復縁することにした。しかし彼が優しいのは最初の１週間だけで，再びイライラし始めてきた。顔色と機嫌をうかがう生活のなかで眠れなくなり，体重も減ってきた。何よりつらいのは家を出たときのことを「男といたんだろう」と責め立て，仕事に行かせてもらえなくなったこと，「俺を裏切った」と夜中に説教されることだった。

③ そうしたなか，彼が包丁を持ち出し，Ｙさんの顔の前に突きつけた。もう身がもたない，限界だと強く思い，知人から聞いていた弁護士事

務所に相談した。

④ 弁護士の助言を受け，隣町に家を借り，家を出た。

⑤ その後，高齢者施設でヘルパーの仕事につき，生活している。彼は最初Yさんを探しており怖くてたまらなかったが，その後半年ぐらいすると新しい彼女ができたようで動きはなくなった。

⑥ 家を出てから1年半経ったが，今でも悪夢にうなされることがあり，介護の際に男性の大きな声を聞くと体が固まったりする。

◆ 事例に共通する動き

2つの事例には，生活の場の変化や離別を決めたタイミングといった違いがあるものの，番号を付した6つのプロセスが包含されています。① 支配 − 被支配の関係に陥る過程，② DV被害のなかでの生活を継続する過程（一時的に家を出ることもある），③ 離別を決意する過程，④ 離別に向けて行動する過程，⑤ 生活を再構築する過程，⑥ 新たな日常ができ，みずからの人生を生きていく過程，です。次章では，この6つのプロセスの構造を筆者の研究結果を踏まえて説明し，被害者の経験する世界の理解につなげます。

第4章
DV被害者の
経験プロセス

　本章では，DV 被害者の経験プロセスを① 支配 - 被支配の関係に陥る過程，② DV 被害のなかでの生活を継続する過程（一時的に家を出ることもある），③ 離別を決意する過程，④ 離別に向けて行動する過程，⑤ 生活を再構築する過程，⑥ 新たな日常ができ，みずからの人生を生きていく過程に分けて説明します。ここでの解説は，26 名の DV 被害者へのインタビュー調査による研究（増井 2011, 2012, 2016, 2017, 2019）をもとに再構成したものです。ゴシック体で記載されているものは，分析のなかで生成したカテゴリー名や概念名です（読みやすくするために，文脈を変えない範囲で一部変更しています）。これらは DV サバイバーの経験を言葉にしたものといえます。多くの被害者に共通する経験プロセスを知ることは，専門家にとって目の前の相談者を理解する「メガネ」となります。また，面接の際に相談者が語る状況に言葉をつむぐことや見通しをもって支援方策を検討する「引き出し」にもなります。

① 支配 - 被支配の関係に陥る

　DV の特徴は，恋愛や男女関係という親密関係から始まることです。ここまでに取り上げた事例にもあるように，多くの被害者が「加害者は当初は優しかった」と語り，**優しさから始まる**経験をしています。また，第 3 章の X さんのように，出会った当初から**あれよあれよと関係が深まる**こともあり

ます。性的関係，交際，同棲，妊娠，結婚と，関係が急速に進んでいくのです。この場合，当初から相手のペースにはまり，その後も被害者が主体性をもつことが難しくなることがみられます。また，多くの被害者は暴力が本格化する前から，相手の**暴力性を垣間見る**経験や，生活面・経済面などの**不安を感じる**経験をしています。しかし，被害者たちは「男の人だからこんなものかな」「普段は優しいし」などと抱いた**不安をスルーしての関係継続**をしていきます。一方で，「怖い」という感覚や「怒らせないようにしよう」という防衛が働くようになり，いつの間にか**相手の意向の優先が癖**になっていきます。こうしたことは，暴力が本格化しても別れられない心理的基盤となります。

　事例でみたように，**関係が進むにつれ本格的な暴力が始まる**ことが一般的です。多くの被害者は初めて本格的に暴力を受けたとき，**できる限りの抵抗をする**ものです。たとえば暴力の最中に声をあげたり，やり返そうとしたり，その場から逃げようとしたり，声を出すとひどくなるので逆に黙ったりします。しかしそれらの**抵抗が功を奏さない**どころか，さらなる暴力の原因となります。つまり，**抵抗の失敗**を経験するのです。その経験により，被害者には**恐怖と無力感の埋め込まれ**がなされます。

　他方，初めて本格的な暴力を振るった後，加害者は謝ったり，優しくなったりするという，いわゆる**ハネムーン期行動**をとります。そこで，被害者は出会った当初から経験してきた「優しさ」と，暴力が本格化した後の「優しさ」の板挟みを経験します（これは，本当は優しさではなく，強圧的コントロールの一種です）。この「優しさ」の板挟みの経験が，自分の受けた暴力は何かの間違いであるとか，今後はないだろうと考えることにつながります。暴力の恐怖感や無力感と，優しさの経験の両者により，**心理的絡め取られ**が生じるのです。

　さらに，社会的暴力による**社会関係の弱まり**と，関係が進み**後戻りできない状況**という**物理的にがんじがらめ**になっている現実も相まって，加害者から離れるという選択肢が浮かび上がらない状態になります。そしていつの間にか，**がんじがらめの状態で生きることへのシフト**がなされ，**関係と生活のなかに暴力が位置づく**ことになるのです。

　こうしてみると，関係当初から暴力が本格化するまでの間に，みえにくい

形で支配が始まっており，非常に巧妙であることがわかります。そこで行われているのはさまざまな種類の強圧的コントロールです。多くの被害者が，「DV の知識があれば違っていたと思う」「もっと早くおかしいと気づけていたのに」と話します。支配 − 被支配の関係に陥る過程からは，DV の知識を得ること，そのための予防教育の重要性を痛感します。

② DV被害のなかでの生活を継続する

　加害者とともに暮らす（関係を続ける）には，**問題の過小評価，責任の過剰引き受け，押し留めメッセージの受け入れ，関係継続願望・責務**という**限界ラインの押し広げ**がみられます。被害者は，「たいしたことはない」「しかたがない」と，相手からの暴力や現状の生活に関する問題を過小評価し，「私が悪い」「相手を救ってあげたい」と，本来の範囲を超えて責任を過剰に引き受けていきます。また，被害者は，周囲にあふれる関係への押し留めメッセージを受け入れていきます。実家や周囲の人から「子どもがいるんだから離婚はしないほうがいい」「我慢が足りないのではないか」などと言われ，加害者からは「逃げても追いかける」という脅しと「おまえがいないと生きていけない」というすがりつきの，相反するメッセージがもたらされます。被害者はそれらを受け入れ，限界ラインを押し広げ，関係を継続していくのです。そこには，「好きで結婚したから別れたくない」「反対を押し切って結婚したのだから別れてはいけない」「子どものためにも生活を続けるしかない」という，被害者のなかにある関係継続願望・責務も影響しています。第3章のXさんの事例には，加害者は「生まれてくる子どもの父親だし，子どもが生まれると変わってくれるのではないか」という関係継続願望・責務を見出すことができます。

　限界ラインを押し広げながら生活する一方で，被害者のなかには確実に**限界感が蓄積**していきます。暴力を一見受け入れているようで，「いつ暴力があるかと考えるだけで怖い」「このままでは身体がもたない」と語られるよ

うに,エスカレートする**暴力・支配への限界感**を抱いていくのです。また,「自分が自分でなくなっていくのが怖かった」「自分はこんな性格じゃなかったはず。このままではいけないと感じた」と語られるように,多くの被害者は**自己喪失恐怖**にさいなまれます。さらには,「関係を続けなきゃ」と思いつつ,心のどこかで「こんな関係はおかしいのではないか」「子どもにとってよくないのではないか」という**パートナー関係の疑念**も感じています。加えて,「夜眠れない」「心臓が苦しくなる」「耳が聞こえづらい」などの心身の症状,**心身からの SOS** がみられるようになります。

　認めない,見ないようにしていても,被害者のなかには否定できない限界感が蓄積されていくのです。これらはネガティブな経験ともいえますが,現状を良しとしない被害者の力ともいえます。**暴力に対して拒絶感・違和感を**もち,自分自身というベースラインを思い起こし,現状に疑念を抱く力が残っているのです。X さんには,「実家に帰してもらえず,子どもが泣くとイライラする彼の様子に不安を感じるようになった」というパートナー関係の疑念が生じています。Y さんの「眠れなくなり,体重も減ってきた」状況は,心身からの SOS でしょう。X さんも Y さんも,限界ラインを押し広げると同時に,限界感が蓄積していることが読み取れます。

　この限界ラインの押し広げと限界感の蓄積を行き来しながら,被害者は,他者に相談をしたり,少しつぶやいて反応を探るといった**試し相談**を行っています。また,危機を回避するためや自己を保つために一時的に家を出るといった**危機回避家出**をします。ここで支援者は被害者に出会います。

　危機回避家出をした多くの被害者はさまざまな要因により,もとの生活に戻ることになります。Y さんは知人宅に避難したのち,加害者の謝罪のメッセージを受けて帰宅しています。

　筆者は,米国とニュージーランドで複数の支援者に話を聞く機会がありました。みな口をそろえて,「DV 被害者は 7 回家を出たり戻ったりしながら関係を決めていくもの。繰り返すのは当たり前」と話していました。通訳の方によると「7 回」という数字に統計的な根拠があるわけではなく,数が多いことを意味するそうです。

③ 離別を決意する

　被害者が加害者との離別を決意することの難しさは，DV の特徴といわれています。DV のサイクルに取り込まれること，無力化され正当な判断が難しくなること，別れることができないような脅しがなされていることなど多くの理由があげられますが，その背景には加害者による強圧的コントロールがあります。また，加害者から離れようと思うと，日本の現状では，加害者ではなく被害者が家を出る必要があり，生活を変えることを強いられるという困難もあります。では，そのような状況にありながら，被害者はどのように離別を決意するのでしょうか。

　X さんにも Y さんにもみられるように，多くの被害者は「もう限界だと思った」「もう無理だと思った」と，「限界の限界に達した」という感覚に至った瞬間があったことを話します。筆者はそれを「**決定的底打ち実感**」や「**底打ち**」と呼んでいます。多くの人と支援現場で出会ってきましたが，この「底打ち」を支援者が被害者に無理やりもたらすことは難しいことを実感します。なぜならそれは，被害者の強い内的感覚であるからです。

　しかし，支援者にできることもあります。「底打ち」の前に，被害者は自分の状況を俯瞰したり客観視したりすることに役立つさまざまな情報を得ています。たとえばどこかから DV に関する情報を得たり，おかしな関係であるという**周囲からの直言**がもたらされたり，離れる選択肢もあると示されるなどです。また，DV についてのリーフレットを目にしたり，他の人の DV 被害を見聞きして「別れたらいいのに」と思ったというような，**自己状況客観事象への直面**もみられます。それらの種が時間を超えて芽吹き，自身のしんどさの意味を知り，心のどこかで感じ始めている限界感に意味がもたらされるようになります。そのなかで，加害者からの再度の暴力や，「ありえない」と感じる言動にさらされるという**引き金事象に遭遇**し，限界を超えたという感覚につながるのです。ときには，X さんのように，子どものために関係を続けようと思っていたのが，子どものために別れるという変化につ

ながることもみられます。

　また，DV被害者には，社会的暴力を受け孤立させられているなかでも**かろうじてつながる他者**がいます。Xさんにとっては産科病院や保健師であり，Yさんにとっては弁護士への相談を勧めた知人がそれにあたります。他者との関係があることは，被害者が自分自身を保つことや，いざというときの動き出しに間接的に寄与します。

　これらのことから，関係のなかにいる被害者や関係に迷っている被害者を孤立させないこと，また自身に起こっていることの意味の理解につながる心理教育的な支援が重要であるといえます。[1]

④ 離別に向けて行動する

　「底打ち」ののち，**行動する主体としての自分を取り戻した被害者**が，**勢いよく行動を始める**ことがみられます。調査事例のなかには，加害者とともに生活しながらも相談に行ったり情報収集を始める人と，走ってその場から逃げた，その日のうちに家を出たというように一気に相手から離れる人の両者がいました。いずれにせよ，その動きは非常に力強く，かつ主体的です。そして，昔の知り合いや関係が希薄になっていた親族に連絡する，過去にやったことのある仕事を探す，お金をかき集めるなどの**自己資源の掘り起こし**をしたり，役所に相談に行く，警察に助けを求める，親族に具体的な支援を求めるといった**支援獲得行動**をしたりします。それらが力強く，もしくはかろうじて結びつき，**決意行動をつなぐ他者存在の獲得**に至るのです。他者に「とんでもない状況だね」と言ってもらえた，ちゃんと話を聞いてもらえたという**太鼓判を押してもらうような経験**，シェルターに行けることになり「暖かい布団で寝られると思った」と語られるように**命綱を受け取る経験**，「そこに至るまでの方法がわからない」なかで方法を教えてもらうという**知恵を借りる経験**，そして実際の連絡・同行など**つないでもらう経験**をしていました。そのなかで，多くの被害者たちは，目の前の支援をじっくり吟味すると

いうよりむしろ「今の自分なら，行かないといけないと思った」というように，目の前に提示された**支援ルートに乗る**ことを決めていきます。ただし，その支援ルートに乗ることを決めたのはあくまでも自分自身であり，**自分が決める**経験をしているのです。最終的に，さしあたっての**生活の場の確保**と**安全の担保**という離別の不可欠資源の確保をし，関係から離れることに成功していました。

　行動する主体としての自分の取り戻し，決意行動をつなぐ他者存在の獲得，離別の不可欠資源の確保の相互作用は，３つの**パワー転回へのスパイラル**を生み出していました。１つはみずからのパワーの使途を，加害者のもとで生き延びることから，暴力のない生活を切りひらきみずからを生きなおすことに向けるという転回です。２つ目は，自分自身の生活や人生の主導権というパワーを，加害者のもとから自分自身のもとに転じさせるという転回です。３つ目は，被害者と加害者のパワー関係の転回です。被害者が行動した結果や支援を得たことは，被害者が意図する・しないにかかわらず，加害者に対しパワーを示すことになっていきます。暴力や支配という不当なパワーに対し正当なパワーを奪還した被害者として，被害者－加害者間のパワー関係を転回させることに期せずしてつながっていました。

　もう１つ，興味深いことに，この行動のプロセスで，多くの被害者が**スピリチュアルな存在から守られている**という感覚，**背中を押してもらった**という感覚を経験しています。「不思議な力に背中を押されているような気がした」「どこかから『大丈夫』という声が聞こえてくる」「何か自分の心の奥底のところで，今までなかったドアが急にみえて，時々そのドアが開いて」など，不思議な経験をしたと多くの被害者が語っています。それらは，自分のなかから湧き出る力，大いなる他者，自分自身を超えた存在の力として，被害者の行動を支えているように思います。

　多くの被害者は，「底打ち」を経験したのち数日から数ヵ月のうちに加害者のもとを離れていました。かなりの勢いです。言い換えれば，相当なエネルギーで短期間のうちにパワー転回を図らなければ，支配関係から離脱することは難しいということでもあります。被害者たちはこの力強いプロセスに

ついて，「あんなにパワーが出せたことはない」と，**内的エネルギーの湧き上がり感**を振り返ります。一方で，「もしあそこで何かが違っていれば，出会った他者や支援者があの人でなければ，タイミングが少しズレていたなら，今も暴力のなかにいた」という**紙一重感**を語っています。このプロセスをみると，支援者や支援機関，ひいては社会が，暴力のない生活へ動き出そうとする被害者へのサポートを準備していることがとても重要で，その出鼻をくじくようなことがあってはならないでしょう。

⑤ 生活を再構築する

◆ 離別当初の困難

　加害者と同居していた場合，加害者と離別するためには，当座の生活の場の確保と，一定の安全の担保が必要になります。これらを何とか手にした被害者は，新しい生活がスタートします。その生活の場は，実家などに戻る場合もありますが，多くはみずから借りた賃貸住宅です。母子生活支援施設などの居住型施設の場合もあります。

　別居した当初の生活は本当に大変です。被害者たちは多くの喪失を経験しているうえに，たくさんの重荷を背負っている状態で，それまで住み慣れた土地や家を離れ，新しい場所で新しい生活を築いていかなければなりません。

　この時期の被害者の状況を，**生活の断絶，支配の呪縛に苦しむ，残った関係が重い，疲弊混乱状態，子どもの苦しみと荒れに苦悩する**，の5つのキーワードで説明します。「生活の断絶」は，避難を伴う離脱により，それまでの生活から断絶された状態になることです。インタビューに答えてくれた被害者たちは，「子どもと一緒に布団も何もないところに来て，今晩どうしようという状況」「知り合いもいないから生活の情報源がまったくない……相談する友だちもいない」といった経験を語ってくれました。「支配の呪縛に苦しむ」とは，「夫からは，『おまえは一人で生活できない』と言われていましたから，『私はできない』という思いのなかにいたんです。一人では生

きていけないと」と語られるように，加害者から離れたにもかかわらず，加害者から長年与えられてきたネガティブなメッセージが自身の内面に呪縛のようにしみ込んでおり，その呪縛に苦しめられることです。そのようななか，さらに加害者からの脅かしが続いていたり，離婚手続きをしていかなければならないという，「残った関係が重い」状況もあります。また，被害者は内外からのストレスや厳しい環境のなか，「何回も何回も気分が悪くなったり，吐きそうになったり，もう何が何だか，訳がわからない状態でした，毎日」と語られるような「疲弊混乱状態」を経験します。さらに，子どもがいる場合，被害者と同様にさまざまな喪失と困難を経験している子どもは，心身症状や行動上の問題も露呈してきます。子どもは多くの被害者にとって生きる活力の源ですが，「子どもの苦しみと荒れに苦悩する」人は少なくありません。

　このように過酷な状況ではありますが，それでも被害者たちは，新たな生活を作るという**物理的な線を引いていく**，離婚手続きを進めるなど**関係の線を引いていく**，そして**心の線を引いていく**という3つの課題に取り組んでいきます。

◆ 物理的な線を引いていく

　新たな生活を作るという，物理的な線を引いていく経験がどのようなものかをみていきます。被害者は，当初「お布団を運んでもらって，家の電気を買って取り付けて」「まず長男の学校の手続きから。あとは順番です」というように，生活に必要なものを**一つひとつ揃えていく**ことをします。被害者は目の前の生活課題に対処することを繰り返しながら，何とか新しい生活を歩んでいくのです。これらは非常に主体的な動きであるといえます。それには多様な**社会資源が活用できる**こと，**さまざまな実質的なサポートが得られる**ことが重要です。DV被害者の場合，新しい生活を始めるために住所の秘匿など安全への対処をしなければならず，また通常の転居や転校とは異なる特別な手続きが必要になります。経済面の課題への対処，仕事を探すこと，慣れない仕事をしていくこと，小さな子どもがいる場合は保育所を探したり，児童手当の申請も必要です。生活保護を申請し受給する場合もあります。それ

ら生活に関わる手続きの多くは自治体の行政窓口で行うことになります。その際,手続きをサポートしてくれる,もしくはコーディネーターの役割を担ってくれる人がいると,とても心強いものです。ただ残念ながら,まだまだそのようなシステムは整っておらず,自治体の支援体制にはばらつきがあります。まずは,市区町村の女性相談支援員配置が期待されるところです。

　それでも,生活が少しずつ整ってくると,その生活のなかで**安心が感じられる**,ホッとする瞬間を経験することになります。「こたつに座ってテレビを見て笑った瞬間とかに,あ,これは幸せなんだなと(感じた)」「安心して夜もぐっすり眠れる生活は何ものにも代えられない」というように,加害者との生活にはなかった小さな幸せを感じる瞬間があったと語る被害者が多くいます。そして,それらの経験は,「もとの家に帰ったらすごい生活が待っている……一緒に暮らすのは無理」と語られるように,暴力のある**あの生活には戻れない,戻らない**という感覚を強固なものにしていきます。

　新たな生活を作り物理的な線を引いていくプロセスでは,時間が味方になります。「明日って来るんだな勝手に,という感じ」「1年までは,あっという間でした。……1年ぐらい経ったら,流れがようやくわかるという感じ」と語られるように,必死で毎日を過ごすなかで,明日はやってくるのです。

　それまでの生活と断絶した状態から新たな生活を作っていくことは,被害者自身の**主体的な側面**と,**他者から支援を受けるという側面**,時間などの受**動的な側面**により,気がつけば**新しい日常ができている**プロセスともいえます。

◆ 関係の線を引いていく

　新しい生活を始めた被害者たちは多くの喪失を経験しているうえに,たくさんの重荷を背負っている状態です。とくに,加害者との残った関係が重く,多くの被害者は,新たな生活を送りながら,離婚手続きを進め法的な関係を解消したり,加害者の侵襲に対応することが求められます。

　強圧的コントロールをする人はそもそも話し合いが成立しません。話し合いができないことが DV の特徴ともいえ,また別れ話は暴力のリスクを高

めるといわれています。よって，被害者は家を出るなどして物理的な線を引いたのちに，関係の線を引いていく必要があります。

関係の線を引いていくことは，多くの人にとって非常に大変なものです。そのなかで，被害者には**権利のために戦う**ことを選ぶ人と，**極力戦わない**ことを選ぶ人がいます。また同じ人のなかでも，その都度，権利のために戦うことと極力戦わないことを選択していく側面があります。ここでいう「権利のために戦う」とは，受けてきた理不尽な暴力や扱いに対して NO を言い，自分の権利を取り戻すために力を注ぐことです。家を出たときが命や心身を守るための第一の戦いなら，関係の線を引くプロセスは，権利を取り戻すための第二の戦いです。一方，「極力戦わない」とは，関係を切ることを最優先に考え，相手と対峙するのを避けることです。これは不毛な戦いで自身が消耗することを避け，今の生活を送ることに注力することを優先しているともいえます。権利のために戦うにしても，極力戦わないにしても，いずれも過去や関係を清算するために，加害者や自分の過去，自分自身のあり方，そしてさまざまな現実と向き合うことが求められます。

関係の線を引いていくプロセスでは，被害者に強い負荷がかかります。二次被害ともいえる対応により，さらなる傷つきを経験する被害者も多くいます。このプロセスに伴走してくれる DV に理解ある弁護士や，安全に対応してくれる警察官などの存在意義は大きく，**法的・安全の支援を得る**ことや**精神的サポートを得る**ことがこの時期を乗り切る重要な要素となってきます。

離婚，その他裁判などが絡む手続きは，相手のある問題であり，さまざまな法律やシステムに規定されているため，被害者の努力や思いだけではどうにもならないことが多々あります。関係の線を引くための被害者たちの動きをみていくと，**流れに身を委ねる**ことと，**パワーを発動する**ことの両方をしています。たとえば「時間がかかるのは仕方がないのかなと。相手も無茶苦茶言ってきていましたし」と語られるように，ある程度流れに身を委ねて，日々の生活を営んでいく被害者の姿，一方で，ここぞという場面で，集中的に力を湧き上がらせ，強いパワーを発動させる被害者の姿もありました。

離婚が成立したり，加害者からの脅かしがなくなることで，**関係の区切り**

がつくことになります。多くの人がターニングポイントとして離婚の成立をあげました。しかし，この研究でインタビューした時期と現在では離婚手続きや子どもを取り巻く状況は変化しています。子どもの面会交流などで多くの被害者が苦悩している実状もあるうえ，民法改正により「共同親権」が選択可能となることが決定し，DV被害を経験した人，被害者支援の現場において大きな不安になっています。強圧的コントロールは別居後・離別後も続くことを理解したうえで，関係の線を引くこととそのサポートはますます重要であり，支援者や専門家の役割が問われることになるでしょう。

◆ 心の線を引いていく

　新しい生活を始めた被害者は，家を出たことで，加害者から直接的な暴力を受けることは格段に減ります。しかし，気持ちの揺れや強い不安，トラウマ反応がみられることがよくあります。一方，関係から離れた時期に心の線を引いていき，少しずつ「大丈夫」が増えていく様子も明らかになっています。これらを促進する7つの動きを紹介します。

　1つ目は，**ぐったりとする時期を経験する**ことです。被害者の多くは，心身ともに疲れ，思うように動けない時期を経験します。焦りや不安が生じることになりますが，それは「回復」のためにも大切な時間となっていました。2つ目は，**怒りが噴出する**ことです。この怒りは，加害者や加害者がとってきた（または，今なお続く）理不尽な行いに対するものであったり，多くのものをなくした自身に対するものだったりします。怒りを表出しても相手から謝罪を得ることはきわめて難しいことがDVの特質であり，被害者は自身の感情を持てあまし，その感情に翻弄されるような経験をすることもあります。それは苦しい経験ですが，怒りはそれまで蓋をしてきた感情を出せるようになったことの表れでもあり，心の線を引いていくためにとても重要です。3つ目は，**リフレーム情報を得る**ことです。この時期にDVについての情報を得たり，離婚手続きのなかで，相手との関係，これまでの支配とその影響，しんどさやつらさなどの意味を理解し，状況の客観視を進めます。4つ目は，**被害者性の獲得**です。リフレーム情報を得ることとも関係しますが，関係の

なかにいる時期ではなく，関係から離れたこの時期に自身が「被害者」というアイデンティティを得ていく姿が多くみられます。被害者性の獲得は，離婚などの関係の線を引いていく戦いともいえる手続きのなかで，図らずも促進されることもあるのです。5つ目は**他者との健康な関係を得る**こと，6つ目は**加害者との生活と真逆の生活を体験する**ことです。加害者との関係は暴力と支配により無力化されていく不健康な関係ですが，暴力や支配のない健康な関係を他者との間でもち，加害者との生活では感じられなかったホッとする時間を経験することにより，あの生活にはもう戻れない・戻らないという思いが強まります。逆説的ですが，PTSD症状の1つである回避反応が，もとの生活に戻らないよう，うまく作用しているとも考えられます。7つ目は，DV支配の**からくりに気づいていく**ことです。ここまでに述べた多様な促進要因とも相まって，加害者が言っていたことやそれにより信じ込まされてきた多くのことが真実ではないということを認識し，それまで絶対的な存在だった加害者が小さく思えるという，意味の再形成がなされていきます。

こうしてみると，心の線を引いていくことは，新たな生活を作り，関係の線を引いていくプロセスのなかで，**「大丈夫」を増やしていく・「大丈夫」が増えていく**過程といえます。暴力被害者の心のケアと聞くと，カウンセリングや心療内科・精神科の受診が思い浮かびますが，専門の治療やケアを受ける体制が整っていないわが国の現状もあってそれらにつながる人は少なく，それでも日常生活のなかで自然に回復が図られていく姿をみることができます。

一方で，PTSD症状を抱えていても治療につながっておらず，生活機能の低下をきたしている人もいます。筆者らの調査では，加害者と別居後，地域で暮らすDV被害者の73.3%がPTSDの臨床域でした（増井他 2024）。生活を支える重層的な支援が提供されること，支援現場におけるトラウマインフォームドケアの重要性，相談機関などでのPTSDのスクリーニングシステム，そしてその結果として，必要な人をトラウマ治療やセラピーなどにつなぐことのできる体制を早急に整えることが求められます。

⑥ 新たな日常ができ，みずからの人生を生きていく

◆ 人生の舵を握りなおす

　加害者との離別後数年経過するなかで，関係の区切りがある程度つき，加害者がいない現在の生活が日常になっていくという**境界設定**がなされます。しかし，それにもかかわらず被害者のなかには**何かが違う・何かが足りない**という感覚が残ることがあります。ある被害経験者は「ケロッと忘れるタイプですから，つらい感覚はマシになりましたけど，何かが足りないというか，能力が欠けているような，普通の人とは違うのではないか……」という**欠如感**を語りました。また，別の人は「『戦後』という感じですね。建てなおしていかないといけないけど，まだ片足を引きずっている気分」と，「戦後」という言葉で**道半ば感**を語ってくれました。さらに「友だちとも全部切れてしまった」「人との付き合いが得意ではなくなった」と語られるように，DVの経験やその後の避難によってなくしたものを思い，**改めて，喪失の痛みを感じる**ことがあります。この欠如感，道半ば感，喪失の痛みといった感覚は，**何かが違う・何かが足りない**という枯渇した感覚を，ときに鈍く，ときに激しく被害者にもたらします。これらはネガティブな経験のようですが，被害経験者が自分自身や自分の人生を再び探索し，**「私」を新たに生きる**ことを探求するプロセスの原動力にもなります。

　このような感覚に誘われ，被害経験者は**改めて，人生の舵を握りなおし**ます。不思議と多くの被害経験者が，この時期に転居や転職をしていました。母子生活支援施設等の入所施設を退所し地域に住宅を借りたり，離婚の成立や子どもの進学を機に暮らしやすいところに引っ越したり，実家や以前住んでいた地域に戻る人も多くいました。加害者と別居するために用意した最初の生活の場は，深く吟味する余裕はなく，緊急手当て的な「仮暮らし」の面が大きかったのでしょう。少し落ち着いた時期に，再び自分自身の人生を生きようとする試みの１つとして，暮らす場所や仕事を選びなおし，**「私暮らし」を探索する姿**といえます。

また，この時期，資格取得を目指したり，職業や生き方の希望を語ったりと，新たな未来を描く姿もみられました。ある調査協力者は，「今は生きているな，先があるなという感じ。向こうでは，お先真っ暗だったんです」と語ってくれました。生き抜くこと，戦うこと，日々を生きることに必死だった状況から，**未来が戻る**ようになります。

改めて人生の舵を握りなおす被害経験者ですが，一方で慢性的な**生活の困難**や，**残傷にやられそうになる**経験をします。女性が経済的に自立していくことの大変さ，生活を維持することの難しさ，子どもが抱える問題に関する苦悩など，さまざまな困難が慢性的にみられます。さらに，直接的な脅かしがなくなってきているにもかかわらず，たとえようのないつらさや不安，恐怖感が襲ってきたりもします。「理屈では大丈夫だと思うんですけど。いろいろなことに神経をとがらせていたものが，なかなかなおらない」「亡霊と格闘みたいな。エネルギーが下がって」と語られるように，なかなか消えない**亡霊が出てくる**ような経験をしている人もいました。被害経験者はこれらの残傷にときに蓋をし，ときに這い上がり，ときにもがきながら共存していきます。

◆「大丈夫な私」になっていく

そのなかで，「私」を自分なりに育むこと，**能動的に社会に位置づくこと**，**生きる意味づけが強化される**ことなどにより，少しずつ「大丈夫な私」になっていきます。

「私」を自分なりに育むとは，それぞれの形で自分自身の傷と付き合い，ケアしていくことです。自身の傷を知り，**向き合う**タイプの人と，「振り返らない，忘れる」と語られるように，**過去を置いて，今を生きる**タイプの人がいますが，両者とも「回復」を育んでいるという視点が重要です。また，同じ人のなかでも時期によって違いがあり，傷を知り，向き合う時期と，過去を置いて，今を生きる時期の両方を経験することがあります。時間をおいて心の傷や痛みが出てくる時期があることや，余裕が出てきた段階で傷と向き合う人がいることの理解も大切です。

能動的に社会に位置づくとは，能動的な関係や横のつながりがあることです。家を出た当初や離別後当初の被害者を支える他者との関係は，**「大丈夫」をもたらしてくれる支援的側面**が大きいのですが，こうした関係は次第に横のつながりへと変化していきます。社会的な関係や仕事において，自分自身が役に立っている，つながっているという感覚や，**社会への作用感をもっている**姿がみられるとともに，その重要性がうかがえました。また，他者との安全な関係を維持することを意識しつつ，他者との関係やつながり方を選ぶという形で，**自立境界の保持**を図ろうとすることがみられました。そして，「勇気をもって相談してほしい」「何か力になりたい」などと**仲間を想う**気持ちが多くの被害経験者から語られました。仲間を想うとは，同じような経験をしている被害者に対して心を痛め，思いを語り，できることをしたいと考えるということです。

　さらに，**「大丈夫な私」になっていく**プロセスのなかで，生きる意味づけが強化されていく様子も語られました。「いろいろな人の力をいただいたので，無駄にできない」と語られるように，再び与えられた人生として今の生活を大切にしながら，**もらった力を大事に生きる**姿，「今生活できているのが，本当にうれしい」「とりあえず今は幸せ」と語られるように，**今ある幸せを想う**姿がみられました。多くの被害経験者たちは，物質的なものを超えて，精神的なものや他者とのつながりという，今手元にあるものの価値を強く意識しているといえます。

　これらのプロセスは一直線に進むものではありません。「大丈夫な私」になっていく過程において，残った傷が痛みとなって出てくる経験と付き合い，行きつ戻りつしながら，ループを辿るように進むプロセスです。そして，長い時間を経て，最終的に**「大丈夫な私」**として統合されていくことになります。

◆「被害者」からの脱皮

　このプロセスのなかで，被害経験者は「被害者」としてのアイデンティティを無理なく脱いでいくという，**「被害者」からの脱皮**をしていく様子がみられます。「被害者被害者しなくても，何かできたのかなとか，やっぱり楽し

いときもあったし……でも離れたほうがよかったな……とすごく簡単に思えるようになった」「相手を憎むのは時間の無駄だし，自分の人生，自分のことを考えて生きないといけないし……憎むのはやめようと，そんな感じに思えてきた」と語られるように，被害者であることや被害経験に支配されない人生を生きようとしていきます。

　振り返ると，この「被害者」という認識は，これまで紹介してきたDV被害者の経験プロセスのなかで大きく変容していきます。DVを受けた当初もしくはDV被害の最中にいるときは，「たいしたことはない」と問題を過小評価し，「自分が悪い」と責任を過剰に引き受けるというように，被害者であるという認識や自覚がもてない時期があります。その後，強い限界感を抱き離別の決意に至りますが，そのプロセスやその後において自分は被害者であるということを知り，そのことを強く自覚していく（被害者性の獲得）時期が訪れます。さらに，被害者であることをもって行動を起こし，保護命令申立てや離婚手続き等，戦うこともしていきます。そして，このプロセスの最終段階として，被害者である人生から脱皮していくのです。「被害者性の獲得」と「被害者からの脱皮」という認識の変化は，DV被害者の特徴であり，被害者支援のキーワードの1つでもあります。

　「被害者からの脱皮」が進む一方で，「後遺症ってあるんだな」「ゼロになるということはないんだな」と語られるように，**ゼロにはならない現実**を感じることにもなります。たとえば，身体的暴力の影響として身体の不調が残っていたり，物音や人の言動に過敏に反応してしまうなど，DV被害のさまざまな後遺症を被害経験者は自覚します。しかし，「それぐらいの傷はもっていかないと，しかたがないかなって思いますね」と，ゼロにはならないことを無理なく受け入れていく様子も語られました。そして，傷や経験がゼロにならないことも含めて，「私である」という境地に至っていきます。

　「それも全部ひっくるめて，今の人生。今この時だから」と語られるように，被害経験者は，自分の経験を**私の人生・私の過去**として，被害経験がなくなるわけではないことも含め，自分自身の人生の一部として統合し位置づけていました。これはDV被害者の「回復」およびDV被害から「脱却」してい

くプロセスの最終段階といえます。「回復」とは，被害を経験する前の自分に戻ることではなく，すべてを忘れることでも，影響をゼロにすることでもなく，被害経験も含めて**バージョンアップした新たな自己**を生きていくことなのです。

　筆者のこれまでの取り組みから気づいたことの１つは，断片でみると不可解に思えることでも，当事者にはストーリーがあるということ，加害者の暴力と支配，それによりもたらされる被害者心理が大きく作用しているということです。もう１つは，被害者には強さ・ストレングスが内在しており，さまざまな局面でそれを活性化させることです。困難をしのぐ，意味の再形成をする，他者とつながる，生活を切りひらく，トラウマを抱えながらも新たな自分を生きるなどの多様な力や強さが見出せます。

　次の章からは，支援について考えていきたいと思います。

---

[1]　心理教育は，① 受け入れ難い困難やそれを経験した（している）人に，心理面に十分配慮をしながら，自身の状況を理解するための正しい情報や知識を伝えること，② 新たな考え方や見方を知ってもらうこと，③ 困難を経験した結果生じている困りごとへの対処方法を知り身につけてもらうこと，④ 知識や対処方法を使って当事者の自己効力感を高め，主体的に生きていけるように支えること，を含む支援技法。

[2]　令和６年５月に成立・交付された民法等の一部を改正する法律（交付から２年以内に施行予定）により，離婚後の親権者に関する規定が変更され，「父母双方又は一方を親権者と指定する」とされた。親権が子の利益のために行使されなければならないものであることが明確化され，また，DVや子の虐待のおそれ等，子の利益を害する場合には単独親権としなければならないことが明記されているものの，運用には多くの懸念があることが指摘されている。

Point of View ❹

心的外傷後成長（PTG）

　DV 被害者の経験プロセスからは，心的外傷後成長（Posttraumatic Growth：PTG）がみえてきます。PTG とは「大変な心の苦しみを伴う出来事に対する精神的なもがきの結果生じる，ポジティブな変容」と定義されます（Tedeschi & Calhoun 2004）。

　DV 被害者の PTG に着目し，PTGI-J という質問紙で DV 被害者の PTG を測定した結果，多くの被害経験者が PTG を経験していること，その程度は自動車事故生存者や東日本大震災の被災者の研究報告より高いことがわかりました（増井他 2024）。

　PTG は，一般的に「他者との関係」「新たな可能性」「人間としての強さ」「精神性的（スピリチュアルな）変容」「人生に対する感謝」の 5 つの領域で説明されます。筆者らの行った DV 被害経験者のインタビュー調査における被害者の語りと，PTG の経験を以下にまとめました。

PTG の領域	領域の説明（宅 2016）	DV 被害者の語り（増井他 2024）
① 他者との関係	他の人とのつながりのなかで経験される成長で，相手を思いやる気持ちが強くなった，互いにつらいときには相手を頼ってもいいと思うようになった等	・安心できる人の前では泣いてもいいのかなと思えるようになった ・助けていただいて，「人ってありがたいな」「そういう人をもっともっと大切にしたいな」と思えた ・顔色をうかがうところが以前はあったけど，おかしいと気づいたら距離をとっていいんだと思えるようになった

② 新たな可能性	それまで描いていた人生の道筋とは異なる方向性を余儀なくされるがゆえに，新しい可能性がひらけている経験	・DV から抜け出して何の経験もないのに働かざるを得ないような中で，やりがいのある仕事を見つけられた。抜け出してよかった ・人はある程度の年齢になると凝り固まってしまうと思っていたけど，何歳になってからでも新たな方向へ展開できるということがわかった
③ 人間としての強さ	自分を自分自身がどう捉えるかという自己認知のポジティブな変容	・自分を何もできない人間だと思ってきたが，意外にできているのではないか ・大変なことも切り抜けられると思えるようになった。この先大変なことがあっても乗り越えられると思う
④ 精神性的（スピリチュアルな）変容	信仰や宗教等についてあまり考えたことがなかった人が考えるようになったり，人間の存在，または人間の力を超えた現象や事柄に向き合うようになったりする変化等	・真面目に生きていたら神様は助けてくれるのではないかと思うようになった ・人間の力以外の大きな力が動いているような気がする
⑤ 人生に対する感謝	当たり前のように今日と変わらない明日がくると思っていた以前の自分とは異なり，平凡な毎日に感謝の気持ちが強く感じられる	・子どもと一緒に過ごして今穏やかなのがすごく幸せです ・体を動かして，ゆっくり眠って，安心して過ごせる家があるという当たり前のことが当たり前ではない時期があったので，自分の時間と人生を大事にしたい

　このように，多くの DV 被害経験者が PTG の経験を話してくれました。サバイバーがもつ力とレジリエンスを感じます。しかし，PTG は結果として生じるものであり，PTG の状況に至ることを支援者が強いるものではありません。また，PTSD と PTG を同時に経験している人も多くみられ，それらは共存し得るのです（増井他

2024)。

　PTG の研究では，周囲のロールモデルの存在や，PTG について話すことの意義が示されています。PTG とは何かが当事者に共有されるためにも，語る場を作ったり，面接で話題にしたりしていただければと思います。

第5章
加害者との関係を続ける
被害者の支援

　第3章ではステージモデルを紹介し，続く第4章では被害者の経験するプロセスを研究結果から解説しました。ここからは，実践に視点を移し，支援に役立つ「メガネ」と「引き出し」を提示していきます。

横断的連携と縦断的連携の重要性

　支援について述べる前に，2つの連携の必要性に触れたいと思います。
　DV加害者が行う暴力には，ほとんどの場合，社会的暴力が含まれます。また，加害者による強圧的コントロールの手口には「孤立化」が含まれます。そのため，どのステージにおいても，サポートにつながりにくい状況にある被害者を孤立させないという意識が大切になります。加えて，同居中に限らず加害者と離れるために，あるいは離れた後にも多様な支援が必要であること，支援や人とのつながりのなかで被害者はDVから離脱し，回復していくことは第4章でみた通りです。
　強圧的コントロールに被害者だけで対応し，境界線を設定するのは困難であり，さまざまな支援が必要です。そして，被害者を支えることは，1人の支援者や1つの機関だけではなしえません。同居中または関係を継続しているAステージの被害者，一時保護中や避難中のBステージの被害者，別居中または関係解消後のCステージおよびDステージの被害者，それぞれ

図 5-1 横断的連携と縦断的連携

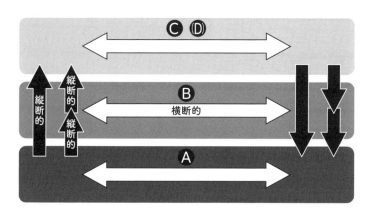

に対して，異なる機能や役割をもつ複数の支援者・支援機関がつながり支援する横断的連携が求められます。

　加えて，被害者が加害者から離れたいと思った場合，避難や転居が求められる日本の現実があります。この現状からは，各ステージを縦断的につなぐ，たとえば，Aステージ⇒Bステージ，Aステージ⇒Cステージ，Bステージ⇒Cステージ，また帰宅・復縁するBステージ⇒Aステージ，Cステージ⇒Aステージといった縦断的連携が必要です。そのためには，各自治体においてコーディネーターの役割を担う窓口や職員の設置が求められます（図5-1）。

　以下の章では，加害者との関係を続けていて離別を考えていない，もしくは関係に迷っている被害者の支援（第5章），限界を感じ離別したいと思うようになっている被害者の支援（第6章），別居（離別）後の被害者の支援（第7章）を扱っていきます。まず本章では，加害者との関係を続けていて離別の意思がない，もしくは関係に迷っている被害者，ステージモデルではAⅠステージとBⅠステージの支援について考えます。

AIステージの支援

◆ 被害者とどう出会うか

　DV 被害者／女性相談支援機関では，ＡＩステージの被害者と電話相談でつながることが多く，そこから面接相談に移行することもあります。序章のＫさんのように，他の機関や部署から強く勧められて相談に至るケースもあります。

　加害者と関係を継続しているＡステージの被害者の多くは，相手との関係に違和感をもっている，夫との関係がしんどい，「叩かれた（あるいは束縛がひどい等）けど，これって DV なんだろうか」などと，自身の状況を誰かに相談したくて相談行動を起こしています。多くの DV 被害者は，自分の状況を誰かに話したり，相談機関に開示したりし，その反応をみるという「試し相談」をどこかの時点で行います。といっても，相談機関につながるのはとてもハードルが高く，パートナーから暴力を受けると，多くの被害者はまず知人や親族に相談することが内閣府の調査から明らかになっています[1]。つまり，相談機関につながってきたということは，相当の勇気とエネルギーを使って行動した結果といえます。

◆ まずは「話してよかった」を目指す

　DV を受けているなら別れればいい，と考えがちですが，一定数の相談者は，加害者との関係を終わらせたいのではなく，ただ暴力をやめてほしい，暴力がなくなってほしいと思っています。とりわけ子どものいる被害者にとって，別居や離婚は簡単なことではありません。

　相談では，相談者が「話してよかった」と思える肯定的な体験をすることが何より重要です。また，DV や支配のメカニズムについて説明を受ける機会を得ること，つまり心理教育的支援は，自身の状況を考える材料になります。「相談してよかった」と感じる体験は，「いざとなったら相談できるところがある」という認識につながります。加えて，「自分が悪いから暴力を受ける

のではない」「自分のしんどさは暴力や支配の影響なんだ」と認識することは，加害者と関係を継続したとしても，心理的な孤立を防ぎ，いざというときや今後の相談行動につながっていきます。

◆ 相談を継続する意味

　一方で，加害者との関係を継続する被害者からの相談は，支援現場では"リピーター相談"として，扱いにくいものとされている場合もあります。しかし，自身の状況を家庭外の人に話したり，しんどさを開示できる場があることは，DV支配により主体性を奪われている被害者を支えることに大きく寄与します。

　ある支援機関では，相談員が何代かにわたり相談を受け続けている2人のクライエントがいました。2人ともDV被害を受けており，メンタルヘルスの状態が悪化し，ときに話の要領が得にくいこともありました。そのうちの1人は1週間に何度も電話をかけてきて，大きな熱量で話し続け，通話が1時間を超えるときもあります。切電に至ることが難しく，1時間が近づくと，どう電話を切るかが1つの課題でもありました。もう1人は，暴力を受けるとやってきて，その状況を話し，証拠を残したいのであざの写真を撮ってほしいと希望します。どちらの人も，思春期の子どもの障害や不登校，家庭内暴力の問題を抱え，大変ななかで子育てに苦悩し，孤軍奮闘していました。子どもを連れて家を出ることも，子どもを置いて家を離れることもできない状況で，本人もそれを望んでいませんでした。

　このような状況において，DVを理解している他者との対話や相談機関につながっていることは，本人たちにとってとても大切なことでした。それにより，加害者である夫からの暴力や理不尽な振る舞いを「自分が悪い」「たいしたことはない」と捉えるのではなく，「本当は夫の言っていることがおかしい」という客観的な理解を得ていったのです。これは，心までは支配されないということです。

　支援機関が関わって10年ほど経ったときに，1人の方はパートの仕事を始めました。もう1人は子どもが成人したのを機に，子どもの後押しもあり，

家を出る決断をしました。この2つの事例からも，状況を変えず，同じような内容の相談を繰り返しているように思える被害者であっても，つながり続けることには大切な意味があるといえます。

◆ 面前DV通告対応を通じた被害親への働きかけ

　警察からの面前DV通告が増加しているなかで，児童福祉／子ども家庭機関は今や，相談行動をまだ起こしていないAIステージのDV被害者に最も出会う機関となっています。

　筆者は児童相談所に併設されている配偶者暴力相談支援センターで相談支援を担当していたことがあります。その当時は，警察庁が家庭内における配偶者への暴力の全件通告を決め，児童相談所への虐待通告が増えてきた時期でした。児童福祉司が行う，面前DV通告のあった家庭の母親（少数ですが，DV被害を受けている父親もいました）への多くの面接に同席しました。DV被害者／女性相談支援機関では，本人の相談行動があって初めて相談を開始するというのが当時のスタンダードな認識で，こちらからアウトリーチしたり，積極的にクライエントに働きかけることはほとんどありませんでした。よくいえば本人の意思が尊重されているということですが，悪くいえば，暴力や虐待という人権侵害に働きかけることなく放置している状態でした。

　面前DV通告への対応時に同席し，相談のニーズのない被害者（被害者と思われる人）に「暴力の種類」や「DVのサイクル」「ケンカと支配の違い」を説明すると，多くの人から反応があり，「これが当てはまる」とか「これはない」と教えてくれました。「多くの項目が当てはまる」と話した人のなかには，その後，DV相談専用ダイヤルに電話をかけてくる人も相当数いました。

　2歳の子どもを育てる母親である22歳の女性は，「時折，夫が暴れることがあった。今回初めて警察が来た。これまで何度かこのようなことがあったが，夫は優しいときもあるし，きっと変わってくれると思っていた。でも『DVのサイクル』の説明を受けて，自分にあてはまると思った。子どもにこれ以上怖い思いをさせたくない」と離別を決意したことを話してくれました。彼女はその後，婦人相談所で一時保護となり，そこで保護命令の申立てをし，

発令後，実家に戻りました。たった 10 分あまりの情報提供で自身の認識を再構成し，行動を変化させたことに驚いた事例でした。

　3 人の小学生の子どもを育てる別の女性は，「『自分が悪い』と思っていたが，そうではないことがわかった」と話してくれました。今すぐ離別することを決めたわけではないが，心理的に距離を置けるようになったこと，「叩いて育てろ」という夫の考えが違っていると確認できたことを，その後の電話相談で話してくれました。児童福祉／子ども家庭機関では，子どもを暴力にさらすことがもたらす影響についての指導を，DV 被害者である親に行うことが主な対応となっているところもあります。しかし，DV 支配のメカニズムについて情報提供をする「引き出し」をもつことが，被害親のエンパワメントや子どもの安全・福祉につながることを，筆者は実感しています。

　この他に，さまざまな福祉・医療・教育・司法機関，警察等の支援者や専門家も，ＡⅠステージの被害者に日常的に出会っています。共通して必要な視点は，被害者がどのような暴力や支配を経験しているか理解しようとすること，DV 支配のメカニズムを短い時間でも被害者に伝えること，そして孤立しないように関わりを保つことです。

BⅠステージの支援

◆ 帰宅は被害者が悪いのではない

　筆者は婦人相談所（現・女性相談支援センター）において DV 被害者の一時保護に長年関わってきましたが，約 2 割の被害者が，一時保護所からもとの家に帰宅することを選択していました。その理由は多様ですが，「危険を回避するための一時避難」つまりＡⅠステージからＢⅠステージへの一時的移行と，「離別の決意をしての避難」つまりＡⅡステージからＢⅡステージへの移行とをまず区別する必要があります。

　危険を回避するための避難行動をとった際に警察や役所につながり，一時避難となることがあります（ＡⅠステージ⇒ＢⅠステージ）。公的機関や民間シェ

ルターの一時保護につながる場合だけでなく，実家に避難しているケースやホテルに宿泊するケースもあります。一時避難した後，帰宅を選択した際（BIステージ⇒AIステージ）に，それに関わった支援者は「なぜ戻るのか」「なぜ別れないのか」と考え，帰宅しないように説得します。その際，「せっかく支援したのに」「やはりDV被害者の支援は難しい」「本人が子どもを危険にさらしている」と，被害者に否定的な感情を抱くこともあります。なかには，帰宅時に「もう相談しません。今後何があっても責任は自分にあります」という念書を書かせる警察官もいました。このような対応では，危険を回避するための正当な行動をとったことすら否定されることになり，この先，被害者はリスクが高まったときに安全を確保するための行動をとれなくなります。こうした対応は，支援者はよかれと思って行っていると思われますが，機関の立場本位のものであり，危険と孤立が深まる結果を招きます。

　第4章で，米国とニュージーランドの支援者の「DV被害者は7回家を出たり戻ったりしながら関係を決めていくもの」という言葉を紹介しました。こうした認識のためか，彼らにはAステージの被害者や家族につながり続ける視点が明確にあり，加害者との関係を続ける被害者や加害者に関わる社会資源やプログラムもありました。そこでは，各種プログラムにリファー（紹介）することや，家族の福祉や子育てをサポートするためのサービスにつなぐというソーシャルワークが行われていました。一方日本では，被害者が避難せざるを得ない状況を生み出したのは暴力を振るう加害者であるという認識が弱く，被害者が帰宅すると被害者の問題として捉えられる傾向にあります。また，被害者の帰宅が支援の失敗として捉えられ，担当者が他部署や上司から責められたという話を聞くこともあります。被害者は，家出と帰宅，離別と復縁を繰り返しながら関係を決めていくものです。帰宅を問題視するのではなく，リスクが高まったときに安全のための行動をとれることを評価することが，支援者・支援機関には求められます。

◆ 被害者が家を出たときにみられる加害者の行動

　一時的に家を出た時期に，加害者の引き戻し行動が活発になり，その影響

で帰宅する被害者もいます。

　被害者が避難したことにより，加害者は被害者に対して直接的に暴力を振るったり支配する言動を向けたりすることができなくなります。そうなると，加害者がとる行動は大きく分けて2つです。1つは被害者のスマホやSNSにメッセージを送ることです。「どうなるか覚えておけ」というような脅しの場合もありますが，もとの関係に戻すには脅しでは効果が弱いので，「君がいなくてご飯が食べられない」「夜も眠れない」「反省している」「二度としない」など，反省や"可哀想な自分の状況"をアピールしてくることが多くみられます。ときに「○日に死にます」など自殺をほのめかしたり，実際に自殺未遂を起こして，被害者に連絡が行くよう企図することもあります。これらは深刻な精神的暴力であり，強圧的コントロールです。他にも，「自分が家を出るから」「話し合いをしよう」「戻って子どもを学校に行かせてほしい（行かせるべきである）」など，被害者が避難したことで感じる喪失を見越して代案を提示するような形で，気持ちを揺さぶってくることもあります。

　もう1つは，本人がつながっているであろう親族や知人を介してさまざまなメッセージを送ってくることです。加害者が実家に謝りにいったり，逆に押しかけて脅したりすることもみられます。強い脅しの場合は，親族や知人に迷惑がかかると考えて帰宅する被害者もいます。反対に，脅しではなく「反省している」「ご飯が食べられていない」など下手に出るメッセージを親族や知人に送る場合もあります。親族や知人の同情を得て，うまく取り込むよう目論むものです。「反省しているみたいだよ」「ちゃんと話し合いをしなさい」などというメッセージが親族や知人から送られてきて，被害者がそれに応じる（応じざるを得ない）状況もみられます。

　加害者は，長年強圧的コントロールのターゲットにしている被害者の心を揺さぶることのできる，支配の方法を熟知しています。もとの状況に戻すために最も効果的なやり方で，間接的に揺さぶりをかけてくるのです。被害者には早い段階で，このような引き戻しのメッセージが送られてくることが予想されると説明します。筆者は，初回面接でこの説明をするようにしていました。加害者からのメッセージに触れると，被害者は，「連絡しなきゃいけ

ない」「戻らないといけない」というスイッチがオンになってしまうことが，避難当初からみられるためです。もちろん帰宅を選択する権利もありますし，今は離別の段階でないということもあるでしょう。しかし，相手の支配とコントロールの影響を受けて関係の継続を決めるのではなく，被害者自身が本当にどうしたいのかをみずから考え，主体的に関係のありようを決めてほしいと伝えます。冷静に判断するために，離れたときにみられがちな加害者の反応を予防的に伝えておくことは有効です。

◆ 帰宅する被害者にできること

　帰宅を決めた，また関係をどうするか迷っている被害者にできる支援もあります。まず，この機会にDV支配のメカニズムを伝えることです。強圧的コントロールを行う人がとる行動は驚くほどよく似ています。たとえば，帰宅した当初は優しかったとしても，数日したら家を出たことに文句を言ったり，暴力的になったりするなどです（いわゆるDVのサイクル）。一時避難しているときに，暴力の種類やDVのサイクルの知識を得ていると，帰宅してからの加害者の行動を冷静にみることができるようになります。その知識をもって加害者の強圧的コントロールに対峙できれば，心まで支配されることは防げます。つまり，「私が悪い」「本当は優しい人」と思ってしまうからくりが，被害者自身にわかるのです。

　この他にも，今後のつながりを作ることが重要です。支援者から連絡をするのは安全上難しいこともあります。子どもがいる場合は保健センターや保育所・学校，医療機関など，被害者本人が関わっていても加害者に疑問視されない機関との連携も検討します。また，いざというときの相談先を伝えることもできます。「いざとなったら相談できるところがある」という認識は，加害者と同居中の被害者の孤立を防ぎ，間接的に心を支えます。

　ＢＩステージでは，つながってきた一期一会の機会を大事にすること，今後に活きる「種まき」をすることが重要なのです。

支援のポイント
── 支援者と被害者の時間のズレを理解する・孤立させない

　「支援者の認知・周囲の思い」と「被害者の動き出し」のタイミングには
ズレがあります。支援者や行政機関が初めて相談を受けたときや，虐待通告
等によりその家庭のなかにDVがあることを認知したときと，被害者が離
別に向けた動き出しを始めるタイミングには，必ずといってよいほど時間的
なズレがあるのです（図5-2）。DV被害者が加害者からの離別を決めるのは，
「限界の限界を超えた」「もう無理」という被害者の「決定的底打ち実感」に
より導かれていることを先述しました。その決定的底打ち実感を支援者や他
者が無理やりもたらすことは難しいものです。被害者が自分自身で決めるタ
イミングがあるのです。

　「DV被害者は支援しても相手から離れない」「一度避難しても戻ってしま
う」という言葉が聞かれますが，それはまだそのタイミングや時期ではない
のだということ，もしくは離れることがすべての問題を解決するわけではな
いということを理解しましょう。言い換えれば，加害者との関係を継続する
Aステージの被害者や家族への関わりや支援が必要なのです。この章で説
明してきたように，比較的行いやすい支援は，自身に何が起こっているのか
を客観視すること，気づきを促すための情報提供です。そして，被害者を孤
立させないことです。これは心理的に孤立させないことも含みます。そのた
めには相談が継続できることが理想です。支援者は，DVは加害者の責任で
あると改めて認識することが必要です。本来は，加害者の行動の変容に向け
た関わりや，そのためのシステムが求められます。

　関係を続ける被害者には，以下の内容を伝え，一緒に考えていきます（図
5-3）。

- 相手の暴力行為はあなたのせいではないことを伝える
- 孤立しないように，社会とのつながりを意識的に保つように伝える

図 5-2　支援者と被害者の時間のズレ

支援者の認知・周囲の思い
支援者や機関がその家庭にある DV を認知したときや介入したとき

ズレ

支援者や機関が認知したときが
被害者の動き出しのタイミングではない
＝時間的なズレがあることは当然という理解
→ 関係を続ける被害者への支援が必要

被害者の動き出し
決定的底打ち実感により被害者自身が決める

図 5-3　面接ツール：加害者との関係を続ける被害者に伝えること（増井 2022）

関係を続ける・
今は続けたいけど、
どうしたらいい…

❶ 孤立しないことが大事です
他者や社会とのつながりを意識して保ちましょう。相談場所があることを知ること、「相談」と「相談の継続」をしましょう。

❷ 知識を得ることは力です
自身に何が起こっているか、自身のしんどさが何によりもたらされているのかを知りましょう。

❸ 今の生活を少し良くすることを考えましょう
あなた自身をあなたに取り戻す一歩になります。すでに色々な対処や工夫をしていると思います。他にできそうな事は何がありますか。

❹ 緊急時の対応方法を考えておきましょう
いざというときの方法や安全計画（セーフティプラン）を考えておきます。
危険な時は迷わず110番しましょう。

❺ 暴力から離れることができることを知りましょう
選択肢や方法があることを知りましょう。
同じような経験をした多くの人が暴力から離れています。

心まで支配されないために、またあなた自身を大切にするためにできることがあります。
意識してみましょう。あなたにはその力があります。

- 自身に何が起こっているのか客観視し，気づきを得るための情報を伝える（DV を理解している他者との対話の時間が大切）
- 被害と影響を減らすための具体的方法や自身のために行っていることを尋ねる（ストレングスへの着目とエンパワメント）
- 子どもの安全や日常生活の維持のためにしていることに焦点を当て，どのようなことを行っているか尋ねる（子どもの安全と福祉を高めるための協力関係を作る）
- 関係を続けるなかでできることを伝え，ともに考える
- 暴力のない生活を得る方法があることを伝える
- いざというときの方法やその準備を一緒に考える（記録に残す，避難先の準備，お金を貯める など）
- 加害者との関係と正反対の健康な関係でつながる

　相談支援の結果，被害者が加害者と離別しないと，支援がうまくいかなかったと記録しがちですが，出会ったときにどのような「種まき」ができたかこそが大切です。

　重要なのは，被害者の自己喪失や孤独を緩和する「他者」になることです。そのつながりは，自分の人生や主体性を取り戻すことに大きく寄与します。情報を伝えつつ，つながりのメッセージを送り，待つことも支援の 1 つといえるのです。

---

[1]　配偶者から何らかの被害を受けたことがあった人（462 人）を対象に調査。被害についてだれかに打ち明けたり相談したりした人は 52.8％，そのうち「友人・知人に相談した」34.8％，「家族や親戚に相談した」29.9％，「配偶者暴力相談支援センター（婦人相談所等）や男女共同参画センターに相談した」1.9％であった（内閣府男女共同参画局 2024）。

第6章
離別に向けた支援

　加害者との関係に限界を感じていたり，離別したいと考え相談につながってくる人や，一時避難している人もいます。ここでは，強圧的コントロールを行うDV加害者からの離別に向けた支援について述べます。

AⅡステージの支援

◆話し合いは可能か

　先述した通り，現在の日本では，暴力を受けていたとしても，加害者に永続的に自宅から出ていってもらい，被害者がそのまま住み続けるという方法は制度として存在しません。そのため，加害者と同居している場合，被害者が別居を考え，安全を確保する必要があります。

　「まずは話し合いをしてください」「話し合いをされたらいかがですか」という助言がされていることは珍しくありません。また，被害者も誠実な人ほど話し合いで解決しようとしますが，「何度も離婚してほしいとお願いしているけど，受け入れてもらえない」「暴力が怖くて別れたいと伝えたけど，不機嫌になり話し合いにならない」「別れを切り出すと『死ぬ』と言うので別れられない」といった声をよく聞きます。とくに婚姻関係にある場合，離婚の申し出をして協議をしてから家を出るべきと考える人もいるかもしれません。しかし，双方の関係に明確なパワーの不均衡がある場合，話し合いは

そもそも成立しないことを理解する必要があります。「安全に話し合うことはできますか」「これまで話し合いであなたの思いや意見が尊重されたことがありますか」と質問してみましょう。「安全な話し合いができない」「自分の意見が怖くて言えない」「自分の思いや意見は通ったことがない」ということであれば，当事者間で話し合って解決することは難しいことを伝えます。

◆ 具体的な計画を立てる

　話し合いで解決が難しい状況にある，強圧的コントロールにさらされている被害者が，加害者と別れ安全な生活を得ていくためには，どこに住むのか，どう安全を確保するのか，どのように境界線を引くのかといった具体的な情報や選択肢を伝え，方法をともに考える支援が必要です。加えて，いつ離別に向けた動きを始めるのかを検討していきます。

　どこに住むかについては，まず一時的な避難先を確保する方法と，賃貸住宅等を借りて自分の力で行き場を準備する方法があります。緊急性や危険性が高い場合は，公的な一時保護制度や民間シェルターなどの利用をお勧めします。つまり，Ａステージ⇒Ｃステージではなく，Ａステージ⇒Ｂステージ⇒Ｃステージというステップを経るということです。Ｂステージで一時保護を利用し安全を得たうえで，支援を受けながら今後のことを準備する時間をもつのです。自分で賃貸住宅を借りる場合は，安全と安心のバランスをとり場所を決めることが必要です。いつ加害者と会ってしまうかわからない場所では気が休まらず，安心して回復に向かえないので，加害者の行動範囲と追跡の可能性を考慮に入れましょう。遠方で馴染みのない場所であれば安全性は高まりますが，見知らぬ土地で知り合いもおらず，不安が高くなることもあります。加害者の生活圏内の場合は，万全の安全対策をし，代理人となる弁護士への依頼も検討しましょう。

◆ 誰にどこまで伝えるか

　強圧的コントロールを行うパートナーと別れるのは，とても勇気のいることです。また，別居を始めた初期は，危害を受ける可能性が高い時期ともい

われています。

　家族，友人，仕事仲間，専門家のサポートなど，信頼できる支援の輪を活用することも１つの方法です。その際，誰に相談するのか，誰には言わないのか，どこまで伝えるか・伝えないかを慎重に決めていきます。信頼できる人であったとしても，加害者とつながりがある人とは，秘密を共有することは避けたほうがよいでしょう。加害者に情報が伝わってしまう可能性が否定できず，その人に加害者からの攻撃が向くことも考えられるからです。情報をもっていなければ，加害者に問われても「知らない」と答えることは簡単ですが，本当は知っているにもかかわらず「知らない」と答えることはかなりの負担になります。状況を知らせないことが，その人のためにも，被害者本人の安全のためにも，賢明な選択であることが多いといえます。

◆ 法的・制度的備え

　さらに，事前に弁護士に相談し法的知識を有しておくこと，可能なら代理人となる弁護士に依頼しておくことは，加害者との直接的な対峙を避けるためにも，その後の離婚等手続きをスムーズに行うためにも有効です。また，警察に相談しておくことも推奨します。[1]家を出る際には，警察が加害者からの行方不明者届を受け付けないよう，行方不明者届の不受理届を出すことができます。可能であれば，保護命令の申立て準備を進め，家を出ると同時に申立てができると，安全に関する心強い支えになります。

　DV被害者支援／女性相談支援機関の職員が，申立てを希望する被害者に「逆恨みされる」「相手に呼び出しが行くからやめたほうがいい」とネガティブな情報を伝え，申立てを思いとどまらせたり，対象となる被害者に保護命令制度の情報提供をしないという事例も耳にします。筆者は多くの保護命令の申立て支援に関わってきましたが，離別を望む被害者が安全性を高め，関係の線を引くために，保護命令の申立ては有効な方法だと実感しています。

◆ 不作為の正当化にならないように

　加害者のひどい強圧的コントロールがあり，そこで暮らす子どもにも影響

が出ているなかで，被害者が相談機関や支援機関に何度も SOS を出しているにもかかわらず具体的対応が提示されず，「自分の力で家を借りてください」「親族に相談してください」などの助言がされているケースが散見されます。家族に大きな変化を及ぼすことに対する恐れを支援者が感じていたり，どこかで「自分で何とかすべきこと」「夫婦の問題」と認識したりしている結果，暴力や虐待という権利侵害を放置してしまっているのです。丁寧に，継続的に相談はしているものの，"当たらず触らず"という対応がなされてしまっていることもあります。そのようなときほど「DV 被害者は逃げない」「どうせ決断しない」「○○の機関が何もしないから」と被害者のせいにしたり，他の機関のせいにしがちとなります。もっとできること，すべきことがあるはずですが，それを認めず被害者に責を課すという「不作為の正当化」になっていないか，振り返ることが必要です。

　選択肢や道筋を示したり，行動することの後押しをしたりすることが大切です。被害者に「底打ち」感がある場合，被害者や子どもが暴力のない生活を得るためのあらゆる支援の検討が求められます。過去に一時保護につないだ経験があったり，生活保護による住宅設定や母子生活支援施設を利用したもののそこから帰宅したりしたケースでは，「繰り返している」「またか」と捉えられ，選択肢が提示されないという厳しい対応がとられている場合もありますが，「底打ち」感に至っている被害者には，具体的な複数の方策が提示されることがぜひ必要です。

　加害者の強圧的コントロールの手口と，被害者が抱える問題の大きさに支援者が無力感を抱き，動けなくなってしまうこともみられます。支援者が孤立せず，チームや連携・協働のなかで支え合うことが大切です。

BⅡステージの支援

　一時避難中で離別の意思がある場合でも，引き戻しのメッセージに注意が必要であることは同じです。ここでは加えて，暴力のない暮らしの基盤を得

るための，短期集中的で効果的・現実的なマネジメント手法を用いたソーシャルワークが求められます。被害者がどれほど加害者と離れ，安全な暮らしを手に入れたいと思っても，方法と選択肢がなくては実現が難しいのです。

　ここでは次のことを考える必要があります。これはA Ⅱ ステージの被害者にも共通しますが，生活の場と安全の確保，そして被害者の心の境界線の強化です。

◆ 生活の場と安全の確保

　生活の場の選択肢は多くありません。大きく分けて，① 賃貸住宅を借りる，② 親族宅に身を寄せる，③ 母子生活支援施設等の施設を利用する，の3つになります。加えて，あまり多くはありませんが，警察の介入などを機に加害者が家を出る例もあります。被害者が賃貸住宅を借りる場合，自費で住宅を確保する場合と，生活保護等の制度を利用する場合があります。前者は，初期費用を自力で用意できるか親族等から支援を受けることができるケースで，「自費住宅設定」と支援現場では呼ぶことがあります。資力がなく自身で費用を捻出できない場合は，生活保護を申請し住宅扶助を受けることが一般的です。しかし，生活保護の申請をスムーズに受け付けてくれない福祉事務所があったり，他県や遠方に避難することが条件にされるなど，厳しい対応がなされている現実もあります。

　被害者にとってどこに住むのかは重要な選択となります。これについては，「遠くへ」「すべてを捨てて」という助言や指導が長年なされてきました。一方で，子どもの転校が難しい（させたくない），仕事を継続したい（する必要がある），介護している親族がいる，子どもに障害があるなど，それまでの生活を現実的に維持する必要性や，馴染みのものを失いたくないという被害者の思いやニーズも当然あります。近年は，LCC の飛行機を使えば，安ければ数千円で広範囲の移動が可能です。また，スマホの GPS アプリで居場所の追跡が可能ですし，被害者が孤独を感じて加害者に連絡すればすぐにつながります。すなわち，遠方であることが，暴力のない生活につながるとは限らないのです。そのため，距離がすべてではなく，生活を作っていくために必要なもの

や，安心と感じられるつながりを残すことも大切です。もちろん，その判断はとても難しいところとなりますが，被害者にとって「安心」を感じられる環境は，支援者が客観的にみて「安全」でないこともあるということ，言い換えれば，「安全」であることの押し付けは被害者にとっては孤立をもたらし，「安心」とは感じられないということを理解しましょう。

多くの加害者は，自身が思うように支配できる人を求めています。加害者の一部（「多く」と言ってもいいかもしれません）は，公的機関や警察の関わりにより，相手を自分の思うように支配できなくなった，また自分から離れ，「NO」を言うようになった被害者に執着を示さなくなります（その場合，新たな被害者を見つけることが多いので，本当の意味での問題解決にはならないのですが）。

また，現実的に今後の生活の場を考える際には，加害者がどう動くか，どんな行動をとるかの予測が重要です。強圧的コントロールのパターンを理解することや，過去に被害者が加害者から追跡された際の情報が見立ての参考になります。その予測は，被害者が自身の経験から最も的確にできるともいえます。支援者は予想される懸念を伝えながら，本人の思いを聞き，話し合い，どこに住むのがよいか相談しながら，最終的には被害者自身が決めていくことが大切です。

◆ 心の境界線を強化する

もう1つの重要な視点は，被害者の「NO」を言いたい気持ち，「NO」を伝えるという心の境界線を強化することです。加害者に出会うことを心配して外出ができなくなっている被害者に筆者が伝えてきたことの1つは，「あなたは『NO』を言うことができる」ということです。それでも加害者が接近してくる場合，警察を呼ぶといった対応ができれば，再び暴力を受ける生活に戻ることはありません。避難に際しあらかじめ警察に相談している被害者の場合，比較的スムーズに安全対策がとられることになります。また，加害者が自宅に来たとしても鍵を開けずに警察を呼ぶという対応ができれば，加害者との生活に再び戻ることにはなりません。しかし，みずから加害者の車に乗ってしまったり，加害者を新しい自宅に入れてしまったりすると，そ

こから機関が介入して加害者を追い出すことはたちまち難しくなります。被害者が「NO」を言える力を培っていくことが，遠方に離れることよりも大切だといえるかもしれません。

　そのためには，繰り返しになりますが，自身が置かれてきた支配のメカニズムや，加害者がどのように自身を揺さぶってくるかの予想，暴力を経験した自分自身に今後みられるトラウマ反応等を理解していることが重要になります。また，いざとなったら相談できるところがある，助けてくれる場所があると認識していることが，境界線を設定するうえで大切です。この時期に行う心理教育的な支援は，「NO」を言う力を培うことにつながります。

支援のポイント── 正当なパワーを行使することを支える

　暴力から離れるためには，支配や暴力という不当なパワーの行使であるDVに対して，正当なパワーを行使することが必要です。正当なパワーの行使とは，支援を得ること，つながりを求めること，方法や選択肢をもつこと，社会資源を用いることなどです。そして，被害者自身が「NO」を言うこと，言いたいと思うことも必要です。正当なパワーの行使には，理解されること，味方がいることがとても重要であり，DV支配のメカニズムを踏まえた支援が求められます。

　実際の支援課題は，生活の場を得ること，安全を守る方法を考えることです。

　離別を決意している・避難を希望している被害者の支援のポイントを以下に示します（図6-1 → P.116）。

● 太鼓判を押す（暴力のない生活に踏み出すことは正当であることを伝える）
● 安全の確保（危機状況のアセスメントと緊急対応，一時保護・保護命令の申立て，スマホの取り扱い，情報の秘匿　など）
● 方法や選択肢を伝える
● 他機関につなぐ・社会資源の活用を支援する（自分自身やみずからの組織が

図6-1　面接ツール：支援 − 被支配の関係から離れるために（増井 2022）

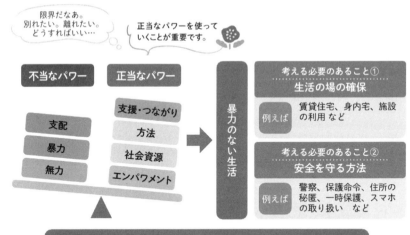

もちえない支援や資源については，他の支援者や機関につなぐ。コーディネート役を果たす支援者が重要）

　被害者の決意と行動をつなぐこと，各市区町村で，日頃からDV被害者の避難やその希望に対応できるよう体制を整え，連携の流れを確認しておくことが求められます。また，生活の場を設定するためには，福祉的支援が不可欠です。

---

[1]　「配偶者からの暴力等による被害を自ら防止するための警察本部長等による援助」として，安全に関する相談等をすることができる。

Point of View ❺
保護命令

　保護命令は，地方裁判所が，被害者の申立てにより，加害者に対し，被害者の接近等の一定の行為を禁止する命令を発令する制度です。保護命令の種類としては以下があります（詳細は内閣府男女共同参画局ホームページ参照）。

- 被害者への接近禁止命令（1 年間）
- 被害者への電話等禁止命令（1 年間）
- 被害者の子への接近禁止命令（1 年間）
- 被害者の子への電話等禁止命令（1 年間）
- 被害者の親族等への接近禁止命令（1 年間）
- 退去等命令（2 ヵ月間）

　保護命令のうち接近禁止命令等の申立てをすることができる被害者は，従来は「身体に対する暴力を受けた者」と「生命又は身体に対する加害者の告知による脅迫を受けた者」でしたが，2024 年 4 月の改正で「自由，名誉又は財産に対する加害の告知による脅迫を受けた者」も対象となりました。

　申立てに関する情報提供や，申立てのための書面作成等の助言は，配偶者暴力相談支援センターが行うことになっています。

　筆者は配偶者暴力相談支援センターで多くの被害者の方に保護命令を説明し，申立て書面作成等の支援を行ってきました。裁判所への申立て書面には被害の状況を記載するので，被害者にとって大変な作業であるといわれていますが，それでもほとんどの人が書き上

げることができました。保護命令の申立てのなかで，自身の状況を振り返り，整理していくことになり，そのプロセスのなかで，被害者の力とレジリエンスを感じてきました。

　発令は地方裁判所が加害者の審尋等を経て決定します。申立ての過程，および発令となることは，被害者と加害者の境界線を現実的に設定していくフォーマルなプロセスであり，保護命令は日本のまだまだ脆弱な DV 被害者支援において重要な社会資源の１つです。そして発令により，実際に加害者から暴力を受けない生活を多くの人が得ていきました。

　加害者にとっても，被害者がいなくなった理由を知り，また侵襲してはいけないという境界線が示されることになります。つまり，加害者が加害行動をこれ以上選択しないことにもつながるのです。

　本文で述べたように，地域によっては，被害者が申立てを希望したとしても，支援者が「加害者を怒らせることになる」などの説明をし，申立てを思い留まらせる場合がある，また申立ての対象となる人に情報提供をしない配偶者暴力相談支援センター等があると聞きます。万能であるとは必ずしも言い切れませんが，保護命令の申立ては被害者の安全を大きく高める，避難による喪失を減らす，離婚等の手続きを安全に進める可能性を高めるなど，DV 被害者にとってとても重要な手段です。選択肢の１つとして情報提供し活用していくこと，申立て支援がなされていくことが求められます。

第7章

加害者と離れた後の
支援

　この章では，加害者と離別（別居）した後の被害者の支援を考えます。この C ステージの被害者と子どもの支援を充実させることがとても重要であると筆者は考えています。

ＣＩステージの支援

　支援現場では，離別（別居）後，再び加害者のもとに戻る被害者や，加害者のもとに戻ろうかと悩む被害者に出会うことがあります。また，境界線の設定がうまくいかず，加害者に侵襲され，別居はしているものの結果的に加害者の支配にさらされている被害者もいます。近年，警察が DV 事件に関与した際，暴力行為をした加害者を逮捕することが比較的増えていますが，それにより，被害者の意思が固まっていないなかで離別となることがあり，状況の変化にこころがついていかず葛藤する被害者もいます。

　C ステージの被害者の多くは，新しい生活がうまくいかず，孤立し孤独な状態にあります。これは十分なサポートが得られていないことの表れです。DV は不当な方法ではありますが，特定の誰か（加害者）から強い関心を向けられる経験でもあります。加害者との生活のなかでは，何をしているのか監視され，行動に関心を向けられ，文句を言われ，ときに「おまえが大事だ，おまえがいないと生きていけない」といった下手に出る言葉が囁かれま

す。これは強圧的コントロールの一種です。その状態から，加害者と別居して，慣れない土地で，話す相手も相談できる人もいない状態になると，大きな喪失感と空虚感，そして不安がもたらされることになります。喪失を埋めるのに最も手っ取り早い方法は，加害者のもとに戻ることです。また，喪失感や空虚感，不安，孤独感が高まっているときに，加害者から引き戻しメッセージが送られてくることがあります。「もう暴力はしない」「反省している」というメッセージを受け取ると，そこにすがりたくなったり，連絡を入れたくなったりするのは不思議なことではありません。

　加害者は被害者をコントロールする方法を熟知していますので，喪失感などを抱いている被害者から居場所を聞き出すことは容易です。そのなかで，実際に自身の居場所が相手に知られたり，相手のペースにはまり帰宅したりすることが起こります。さらに，その経験が「離れてもうまくいかなかった」「私には相手が必要である」という誤った認識をもたらし，支援者にとっては「せっかく支援したのに……」という無力感と，「今後のことはもう知らない」という感覚をもたらします。

　帰宅に至るケースには，その人なりの理由とストーリーがあります。その理由とストーリーを本人に尋ねることが，本人の世界を理解するためにも，次の支援につなげるためにも重要になります。何より大切なのは，加害者と離れた後の被害者の，孤立と孤独を防ぐためのサポートです。

CⅡステージの支援

◆ 継続した多層的な支援

　加害者と別居後のCステージには，最も継続的で多層的な支援が必要です。女性相談支援センターや民間シェルターの一時保護を経て市区町村につながってくるケースもありますが，一時保護制度を利用せず，自力で家を借りて，地域で新しく生活を始める被害者も多くいます。いずれの場合もゼロからの生活，それに加えトラウマの影響，加害者からの現実的な侵襲，婚姻

関係の解消といった重荷を背負った状況で生活を始めることになります。別居したからといって，すぐに楽になるわけではない現実があるのです。

このステージは被害者も支援を求め，また加害者と離れているために，支援を提供したり，サポート体制を組んだりしやすいのですが，加害者から離れているということで，反対に支援があまりなされないこともみられます。とりわけ子ども虐待の観点からは，子どもがDVにさらされなくなったということでリスクが減ったと判断され，支援がなされない場合もあります。また，転居し新しい地域で生活を始めている人が，住民基本台帳の異動ができず，地域住民として認識されていないケースもあります。それらにより，支援が必要であるにもかかわらず，放置されてしまいやすい時期ともいえます。

ひどい場合は，役所での手続きの際，「なぜここに来たのですか」「本当にDVなんですか」などと尋ねられるケースもあります。大きなエネルギーを使ってようやく決意し，暴力のない生活へと踏み出したのに，「自分は歓迎されておらず，迷惑な存在なんだ」と激しく落ち込んだと話してくれた人もいました。一方で，行政窓口の担当者から地域のスーパーや図書館，公園等の地図をもらった，リサイクルショップを教えてもらったことがとても嬉しかった，継続して話を聞いてもらえ支えられたといった事例もあります。

◆3つの線を引くための支援

Cステージでは，物理的な線，関係の線，心の線という，3つの線を引いていくプロセスが展開していきます。

物理的な線は，相手と離れた状態の新しい生活を作っていくことに尽きます。新しい生活にはさまざまな手続きが必要ですし，早期に衣食住を整えることが重要です。一日一日を過ごしながら，新たな生活が営めるようになることをサポートします。

関係の線は，加害者の侵襲を防ぐとともに，離婚の成立など法的関係を整理していくことが大きなテーマです。生活を作りながらこれに取り組んでいくことは，被害者にとって大きな負担です。加害者から支配行動や嫌がらせを受けることもしばしばあります。離婚手続きの過程で，文書に記載された

加害者の理不尽な主張にさらされるといった形で，加害者の暴力に再び直面することもあります。それに耐えつつ，現実的に対応しなければならないのです。

この時期は，揺り戻しや苦悩を経験しながら心の線を引き，相手との間に自他の境界線を引いていく段階です。話を聴いてくれる人やそうした場があることがその際の支えになります。ある市区町村では配偶者暴力相談支援センターが中心となり，継続したカウンセリングの提供と，暴力被害を経験した人が自由に学べる講座が用意されており，それは関係の線を引くための心理的支えになっていることが調査（岩本・増井 2020）で明らかになりました。

自身の受けていた暴力と支配のメカニズムやトラウマの影響を知り，自身のしんどさの意味を理解すること，暴力は相手の問題であり責任であると理解することで，心の線を引く作業が進んでいきます。また，自分には自分の人生がある，相手の感情に責任をもたなくてもいいと境界線を認識できるようになることも重要です。この作業に時間がかかる人もいますが，意外にもサッと線を引けて，怒りの感情に変わっていく人も少なくありません。

心の線は，生活のなかで小さな幸せを感じる経験を通して引いていくこともできます。「寝ていても布団がいつ剥がされるかわからなかった生活」ではなく「足を伸ばしてゆっくり眠れる生活」，「テレビのチャンネル権がまったくない生活」ではなく「テレビを見て子どもと一緒に笑う生活」を送るなかで，「もう前の生活には戻れない」と感じるようになります。先述したように，ある意味，トラウマの「回避」の機能が効果的に作用しているともいえます。すなわち，加害者と再び生活することや接近が怖くなり，リスクを適切に避けるようになるのです。この点からも，離別当初，安心できる時間をもてるような生活を作っていくことの支援は重要です。

Dステージの支援

Dステージは，加害者と別居して数年経ち，離婚も成立して，新たな日

常生活ができている状況です。一見，支援が必要な状態ではないようにみえても，多くの被害者が，依然としていろいろな困難を経験しています。

　困難の1つ目は，トラウマの影響です。「男の人が怖い」「加害者が乗っていたのと同じ色の車を見ると今もドキッとしてしまう」「介護の仕事をしているけど，入所者の大声を聞くと体が固まる」といった人が多くいます。それにより仕事を続けることが難しくなったり，電車に乗れなくなったりなど日常生活に大きく影響し，生活機能の著しい低下につながる場合もあります。トラウマ症状が強くみられ，継続しているのです。このような場合は，トラウマインフォームドケアにつながる心理教育的支援やコーピングについて話題にします（Point of View ⑥，⑦ → P.126，129）。また，PTSD の治療やセラピーにつなぎ，症状を改善し生活機能を高めることが求められます。

　2つ目は，子育ての困難です。成長過程のなかで，ひきこもり，家庭内暴力，不登校，非行等の子どもの問題が表面化することがあります。思春期以前でも「子どもが言うことを聞かない」「家で暴れる」「学校で乱暴」「きょうだいに対して暴力がある」「不登校になってひきこもっている」など，子育てや子どもとの関わりに悩む被害者は少なくありません。これらは，C ステージでみられることもよくありますが，加害者と離別してから何年か経過するなかで，こうした問題を抱えて支援機関，とくに児童福祉／子ども家庭機関につながってくる親子に多く出会います。

　子どもとの関係がうまくいかない悩みを DV 被害者／女性相談支援機関で話される人もいます。本人の子育ての能力が低い，本人の養育に問題があるように思われたりしますが，加害者と同居中の A ステージにおいて，被害者と子どもがそれぞれに暴力にさらされた影響が残っていたり，被害者である親と子どもの関係が壊されてきた，きょうだいの差別的扱いによりきょうだい間の関係に葛藤が生じているといった状況も多くみられます。

　また，母子家庭で子どもを育てていくのは経済的にも大変です。そのうえ，加害者から離れた後の C ステージにおいて，親子がケアを受けられる場は限られています。そうしたなかで，被害者も子どもも支援を受ける機会を得られないまま，被害者は生活に追われ，ときに仕事を掛け持ちしたり，自身

の心身の不調に苦悩したりします。子どもは転居や転校等により，突然慣れない環境に身を置くことになり，自分の過去や家のことを話せない，聴いてくれる人がいない状況のなかで必死に生きていくことを求められます。そして数年を経てDステージに至り，子どもの問題が表面化し，子どもや親子関係の課題を抱えたケースとして支援者や専門家につながってくるのです。

　子どもの傷つきが深く，問題行動がみられ，反抗的で言うことを聞かないと親が困惑し，親子関係が危機的な状況になっていることも少なくありません。その際，親の困難や気持ちを受容し共感的に聴くことからさらに踏み込んで，親子関係の改善をはかるペアレントプログラムの導入や，子どもとの関わりや声かけなどのスキルを親に具体的に伝えることも求められます。そうした手法には，個別の親子にセラピーを実施するPCIT（親子相互交流療法），専門家や親が子どもへの関わり方を体験的に学ぶCARE（子どもと大人の絆を深めるプログラム）などがあります（加茂 2020）。なお，CAREは4〜5時間の専門家向けワークショップが開催されており，エッセンスを学ぶことができます。児童福祉／子ども家庭機関のみならず，DV被害者／女性相談支援の支援者にも，子どもと関わる際，また親への助言の際の「引き出し」になります。

支援のポイント── 関係から離れた後の支援の重要性

　この時期，加害者から離れたことで被害者は安全になった，子どもも直接的な虐待や面前DVにさらされなくなったと考えられ，リスクは下がったとみなされがちです。しかし，新しく始めた生活やトラウマの影響が残るなかでの生活は大変です。たしかに別居することにより，家庭内での暴力や虐待のリスクは下がりますが，生活の構築と回復には多層的な支援が必要です。

　また，Cステージへの移行は加害者からの「見かけ上の離脱」にすぎず，「真の離脱」に至るのは，離婚が成立したり，新しい日常ができてきたり，トラウマの影響から解放される，Cステージが終わる頃といえます。支援者は，

図7-1 「見かけ上の離脱」と「真の離脱」のズレ

加害者から離れ生活することで離脱したと認識されるが，Cステージはとても大変。Cステージで境界設定が完了し，新たな生活が日常となることが真の離脱

　この「見かけ上の離脱」と「真の離脱」のズレを認識しておく必要があります（図7-1）。被害者に対してはまず，別居してしばらくはしんどくて当たり前，支援を得ることが必要だと伝えることが重要です。

　新たな生活を始めている被害者には，以下のような支援を検討します。

① 物理的な線
- 生活の安定を図ることが大切：各種手続き，経済的安定（就労，生活保護，生活困窮者支援，子ども手当，児童扶養手当）など

② 関係の線
- 安全を確保し，居場所を知られない・侵襲を防ぐ：警察，保護命令，住民基本台帳の取り扱い，情報管理，転校手続きの取り扱い，弁護士に委任し代理人を立てる など
- 離婚など法的手続き：法的支援・制度の活用（離婚調停，離婚裁判，弁護士 など），伴走支援　など

③ 心の線

- **揺り戻しや心身の反応はあって当然**：加害者と離れてしんどさやつらさ を感じるのは当たり前の反応であること，いくつかの対処方法を伝える
- **離れても支配の「魔法」がしばらくは効いていることに注意**：帰宅や復 縁の判断は衝動的になりがちなので，冷静に判断するように伝える。伝 え方の例――「少なくとも3日（3週間）待って，3人に相談してからに しましょう」
- **感情，とくに怒りが噴出する時期があることを伝える**。伝え方の例―― 「相手に対して怒りが出て，社会や自分の今の状況についても怒りがわ いてくることがあります。傷つきが溜まると怒りになるのです。怒りは 回復にとって重要です。でも，怒りの矛先や出し方を間違うとあなたが 損をすることもあるので，注意が必要です」

Point of View ❻

トラウマインフォームドケアにつながる 心理教育的支援の実践例

　暴力や支配を受けると，誰しも心身の不調を経験します。たとえ 加害者と離別したとしても，その影響が継続することも多く，支援 者は，トラウマやその影響に関する知識をもって，相談者にかかわ る必要があります。そして，どの支援機関においても，被害者に対 して，経験しているしんどさやつらさは，あなたがおかしいのでは なく当然に起こり得るものであると伝えること，ケアの方法を話し 合うことができます。

　ここでは，トラウマインフォームドケアにつながる2つの面接 ツールを紹介します。

◆しんどさやつらさを感じるのは当たり前の反応であると伝える

暴力や支配を受けた人には，心身の不調やトラウマ反応が当然に起こり得ることを伝え，トラウマインフォームドケアを促進します（図 7-2）。

【Point】

① シートの項目を読み上げ，当てはまるかどうかを答えてもらう。もしくは自身でチェックしてもらう。

② チェックがついたときには，あなたがおかしいのではなく，暴力を受けた人が経験する当たり前の心身の反応であることを伝える。

③ 時間をかけてゆっくり自分自身をケアしていくことの必要性を共有する。

図 7-2 面接ツール：
しんどさやつらさを感じるのは当たり前の反応です！（増井 2022）

暴力から離れても、こころの傷つきや影響は残っています。暴力から離れることができたのに楽になったと感じられないことがあります。それらは特別なことでなく当然の反応です。

- □ 安全な状況のはずなのに、恐怖心を感じる
- □ 罪責感や自責感におそわれる
- □ 悲しみやつらさが大きすぎてたまらない
- □ 頭の中が混乱している状態が続く
- □ 身体の不調が続く
- □ 夜中や眠りにつくときに不安が強くなる
- □ 相手に会いたくなったり、連絡したい衝動にかられる
- □ とても大きな怒りを感じる
- □ 自分が他の人たちと違う人間になってしまったかのように感じる
- □ 疲労しきって無気力になる

これらの状態をすぐに変えたいと感じて、衝動的に行動したり、不健全な方法で気持ちにふたをしてしまうことも、この時期にはありがちなことです。しかし、大切なことは、健全な方法でゆっくり時間をかけてこころの傷つきをケアしていくことです。

◆ケアの方法を伝える

しんどさやつらさを感じたときに試してみるとよい方法や考え方を提示します。また，セルフケアについて話し合います（図7-3）。

【Point】

① シートを読み上げ，取り組めそうなことやセルフケアの方法を紹介する。そのなかで話し合う。

② 例示している「自分自身の身体に意識を戻す」ことを一緒に行う。10秒ほど，たとえば「足を強く踏んで体の姿勢を戻す」「指先をきつく握った後に緩める」など，体の一部にギュッと力を入れ，その後脱力することを繰り返す。目をつぶって行

図7-3 面接ツール：楽になるためのヒント！（増井2022）

🦠 自分自身の身体に意識を戻す。
頭の中に入っているものを切り離すために体を使いましょう。
切り替える時に一回自分の体に意識を戻してみます。体はコントロールできます。

> **例えば** 足を強く踏んで体の姿勢を戻す
> 指先をきつく握った後に緩める
> 両肩をグッとあげ耳まで近づけ、ストーンと下に下ろす

🦠 心のイガイガ、モヤモヤを外に出しましょう。

> **例えば** 話す・文字に書く・絵をかく・泣く・笑う・運動する・外を歩く・草木を見る
> 部屋を片付ける・好きな音楽を聞く・湯舟につかる・ハーブティを飲む… など

🦠 自分が今できる行動に焦点を当てましょう。
自分でやれることとやれないこと、自身が変えられることと変えられないことがあります。
自分がやれること、変えられることに取り組んでいきましょう。

🦠 言葉には大きな力があります。1日1回、自分自身をほめてあげたり、
元気づけてあげたりする言葉をかけましょう。

> **例えば** 「私はよくやっている」「私は大切な人間だ」「私は運がいい」
> 「今日一日がんばった」「生きているってすごい」「大丈夫だよ」… など

しんどい時・辛い時に試してみましょう！

うのもよい。

③ 自分の思考や感情を知り，意識的にセルフケアを行ってほしいことを伝える。

Point of View ❼
心理的・精神的困難への
コーピング戦略

　加害者との同居を解消した直後のＣステージでも，しばらく時間が経過したＤステージでも，心理的・精神的困難を経験するDV被害者は少なくありません。一方で被害者たちは，その状況に甘んじるだけでなく，多様なコーピング（対処）戦略を用い，日々の生活を営んでいることが，筆者らが行った研究から明らかになっています（増井他 2024）。

　コーピング戦略は，【自身の状態を知る】【刺激を調整する】【衝立を立てる】【安全に自分を出せる場をもつ】【セルフケア術をもつ】【被害者としての今を生きない】【時間が味方】の７つに分類できました。DVサバイバーのコーピング戦略やPTGは当事者のもつストレングスであり，他の被害者のロールモデルとなり得るため，支援者や当事者がそれを知ることには意味があります。以下に，分析から示された心理的・精神的困難へのコーピング戦略を示します。

コーピング戦略	コーピングの内容	DV 被害者（サバイバー）の語り
自身の状態を知る	"今，ここ"で湧き起こる不安感による心身の反応，非機能的な認知に対して「記憶と今を区別する」「自分の反応を認識する」ことで，現実的でない認知を変えたり，自己の状況を客観視する	「『これは記憶，記憶，記憶，私とは関係ない』って。だから，今起こってることじゃないって」「『考えているな』って認識すること」
刺激を調整する	「トリガーを避ける」「外に出ない」「場所を避ける」といった回避行動により，自身にもたらされる刺激を調整する	「イラッとするときや，眠れなかったときがありますね。自分で，『今日だめだな』と思ったらあんまり表に出ないようにしています」
衝立を立てる	他者との関係で自分が傷つかないため自分の状況を「あまり話さない」，自分を守るためにつながる他者を選ぶ，他者との間に「距離を置く」，別のキャラクターを演じるなど「鎧をつける」	「付き合う相手を選ぶようになった。『この人はちょっと』と思うとできるだけ距離を置くように，防御というか，これ以上自分が傷つかないように，用心深くなっている」
安全に自分を出せる場をもつ	カウンセリングなど「話せる場をもつ」，「ここは大丈夫」と思える場や時間を見つける	「泣いてしまったんですけど，ここは安全な場所，大丈夫な場所だからいいかなと」
セルフケア術をもつ	「今を落ち着かせる方法をもつ」「発散方法をもつ」「セルフケアルーティンをもつ」など能動的な対処方法を獲得し実行する	「教えてもらった方法を使っています。毎朝呼吸法を 20 分して，瞑想して，夜はタッピングみたいなのを取り入れています。何も考えずに，簡単そうなのだけ」
被害者としての今を生きない	新たな他者との関係で再被害にならないよう意識し行動するという「被害者にならない行動選択」，仕事や自身の役割にエネルギーと時間を使うという「没頭するもの」をもつ	「職場で困った人がいて，でも物理的に離れたんです。自分で考えて，言い返せたんです。『そうか，距離とっていいんだ』っていうのを実践した」
時間が味方	次第に「自分が戻る」「時間とともに抜けていく」。意識的に何かを行うこととは違う，日常生活の営みや年月の経過も重要	「秋ぐらいからようやく頭は普通の人に戻ってきた。回転というか思考というか，こればかりはうまく説明できないんだけど，すごい昔の私に戻ってきたという感覚。そこから調子が良くなってきて」

第8章

被害者の
相談・面接の実際

DV被害者の面接は難しいと支援者はよく言います。また，読者のなかには，DV被害者の支援や女性相談に初めて携わるという人もいるかもしれません。相談の仕事は初めてで，社会福祉学（ソーシャルワーク）や心理学など対人支援について専門的に学んだことがないにもかかわらず，人事異動などにより担当することになった人もいるかもしれません。

この章では，DV被害者の来所面接をイメージして，相談の展開をみていきます。DV被害者への対応では，継続相談が前提となっていない機関も多く，一回のみの相談となることもあります。その一期一会のつながりを大切に，対応することが求められます。ここでは，面接の基本，そこで何を聴き何を伝えるのかについて，Aステージ（加害者と同居中）の被害者への対応を例に説明します。

相談の開始 —— 安心できる環境を整え，信頼関係を築く

（1）相談者との出会い

被害者は自身で相談先を調べて，もしくは知人や相談窓口等に勧められてつながってきます。事前に予約が入っている場合もある一方で，突然来所して，相談を希望される場合もあります。DV被害者は，限界感が高まるなかで，「話を聴いてほしい」「これについて知りたい」と，突発的に相談行動を

起こすことも多いため，急な相談にも応えられる体制があることが理想です。

　また，関係機関の支援者の紹介で，その機関の職員と一緒に面接をすることも想定されます。さらに，相談を待つだけでなく，被害者が相談しやすい他の機関や場所に出向いて相談を受けるというアウトリーチの体制もあると望ましいでしょう。

(2) 落ち着いて話せる環境を整える

　相談者が落ち着いて話すことのできる面接の環境を整えておくことが重要です。他の相談者から見られない，声が外に漏れない個室であることが大前提です。空間作りも大切で，書類や段ボール箱が無造作に置かれている，カレンダーが先月のままになっているなど，その場の落ち着きのなさが伝わらないようにします。

(3) 受付

　面接室に案内した後，もしくは案内前の受付で，受付用紙や面接申込書を書いてもらいます。氏名，住所，家族構成，相談を希望する内容などの項目を示した用紙を準備しておきます。ただし匿名性に配慮することも重要で，仮名で相談を受けることあります。用紙を渡す際には，書ける範囲でかまわない，すべて埋めなくていいことを伝えます。

(4) 自己紹介

　面接は自己紹介から始めます。また，その機関と，対応する職員の役割を説明します。その際，リーフレットなどを見せながら説明すると伝わりやすくなりますので，用意しておくことが望ましいでしょう（加害者と同居中の場合は，そのリーフレットを持ち帰り加害者の目に触れると，危険性が高まることがあるので注意が必要です）。時間の枠組みなど相談における決まりごとがあれば，最初に説明します。

（5）緊急に対応すべきことや，現状に危険がないか確認する

　相談者が安全な状況にあるかの確認を行います。加害者の追跡があり安全に相談できない状況であれば，場所を変えるか，安全が確保できる部屋に移動します。また相談者や職員のリスクが感じられるときは，職場としての安全対策，状況によっては警察への通報も検討します。ケガなどの治療が明らかに優先される場合には受診や救急搬送が必要です。日頃から緊急時の対応を確認し，職員の体制とマニュアルを整備しておきましょう。

相談の基本姿勢

　相談の基本は受容と共感です。受容は相談者のあるがままを認め，受け入れることです。相談者の行動が一般的に非難されるものであったり，理解されないものであっても，それを責めるのではなく，その行動をとった理由や背景を知り，理解しようと努めます。相談や支援の仕事は，良し悪しを判断し，裁くことではありません。

　共感は，相手がどのような感情をもっているかを理解し，その気持ちに沿って応答することです。相手と「一緒に怒ったり，悲しんだりする」のではなく，「そのくらい大きな怒りや悲しみを感じている」ということへの理解を示します。共感は同情とは異なります。同情は，自分とは違う可哀想な人であると感じることです。相手を自分よりも低い立場において「哀れんでいる」ともいえ，相手を惨めな気持ちにさせ，力を奪うことにつながります。

相談の展開 —— 構造と流れを意識する

◆ 相談者理解
● 傾聴技法と質問
　一回の相談を時間的な流れでみていくと，どのようなケースでも最初

は「相談者理解」から始まります。話を聴き，相手の世界に入り，状況を知ることに努めます。DV被害者相談の場合は，まずは話を聴き，本人の今いる世界を知ること，そして，現在はどの段階・ステージなのか，何を求めているのかを理解することを目指します。そのために，各種の相談の技法を活用します（Point of View ⑧ → P.138）。

　DVの相談では，暴力被害（加害者の支配的行動）の状況を把握することも重要です。①直近の暴力とその前後の状況，②最も激しい暴力とその前後の状況，③いつから暴力（加害者の支配的行動）が始まったのか，暴力の頻度，を質問すると，相談者が受けている（もしくは相談者が認識している）被害の状況が比較的よくつかめます。把握した情報は記録に残しておきます。

● 客観的状況と主観的認知を聴く

　客観的状況と主観的認知のズレ（図8-1）があることを前提として，その両方を理解することが重要です。客観的状況とは，実際に起こっている事象のことで，「いつ，どこで，誰が，どのくらい，どのように，何があった，何をした」といういわゆる5W1Hを指します。ここでは加害者および被害者の行動に着目します。DV被害者への対応では，どのような暴力や強圧的コントロールを受けているのかを具体的に把握します。たとえば，「昨日，夕食時に，食卓で，夫が，食事の準備が遅いと怒り出し，床に向かって食器を投げつけ，食器が割れました。その後，私の顔面をげんこつで2回叩きました。その様子を見て子どもが泣きました。私は子どもに部屋に行くように言いました。その後……」といった具合です。

　主観的認知は，本人の認識や捉え方のことです。相談者自身が語るストーリーであり，DVの場合は，支配により歪められた認知が反映されることが多いです。「私が悪い」「たいしたことはない」等はその代表的な例です。

　客観的状況と主観的認知の両方を意識して聴くと，状況がよくわかります。また，ズレがあることに気づきます。それは加害者からの支配に

図 8-1　客観的状況と主観的認知のズレ

よるものであり，支援における介入のターゲットとなります。支配により歪められた非機能的な認知に介入する，いわゆる心理教育的支援につなげます。

● ストレングスに着目する

DVの相談では，暴力やそれによる影響にばかり焦点を当ててしまいがちです。しかし，相談者はDV被害を受けていたとしても，生活のなかでさまざまな対処や取り組みをしています。自分の子どもを守るためにしていること，日常生活を営むためにしていること，また，得意なことや好きなこと，つながっている他者，セルフケアのためにしていることなどがあります。それらに関心をもち，ぜひ質問をしてください。ストレングス（強みや力）に着目し，その側面について話してもらうことは，被害者が自身のもつ力に改めて気づく機会になります。また，支援を考えていくうえでのヒントを得ることもできます。

◆ 重要な点を理解・確認する（焦点化）

一定程度，相手の状況や重要な点を理解できたと思ったら，相談者に「……

という状況なのですね」「……という思いを感じているのですね」「……について知りたいと思っているのですね」と確認します。そこで,「そうなんです」「その通りです」という言葉が返ってきたら,問題の焦点が相談者と共有できたことになります。どうも反応が悪い場合や,「そうではなくて……」と語られる場合は,改めて相談者理解に努めます。

◆ 現実的課題（問題）の対応

　重要な点がつかめたら,面接の後半は,現実的課題（問題）に対応していきます。

● 自己の状況を客観視するための情報を伝える

　自己の状況を客観視するための情報を伝える,心理教育的支援は,現実的課題（問題）の対応として重要です。「たいしたことはない」「私がすべて悪い」「私がおかしい」といった非機能的な認知がみられる場合は,ある程度踏み込んで異なる見方や考え方を提示し,それについて対話をしていきます。そのためにも,相談支援員にはDV支配のメカニズムや被害者の心理などの理解が求められます。

● 社会資源や制度を伝える

　社会資源の情報や選択肢を伝えること,制度の活用を具体的に支援することも重要な対応です。そのために,支援者は,DVを取り巻く社会資源や具体的手続き,活用できそうな周辺の社会資源・制度や窓口を知っておき,相談者に説明できることが求められます。

　社会資源や制度,他の機関を紹介する際には,1つではなく,複数の選択肢を提示することが望まれます。残念ながら,対応した人との相性やタイミングなどでうまくつながらないこともあり,そうした場合,相談者が無力感や孤立感を強めることになります。また,複数の選択肢から相談者自身が決められることが重要です。

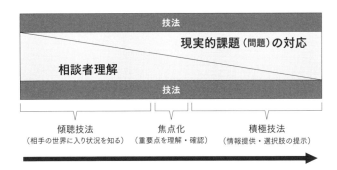

図 8-2 面接の構造（相談の流れ）

● 支援をつなげる

　制度や機関を紹介するだけでは、相談者はそれらにうまくつながるとは限らないため、実際に他機関に同行したり、本人の了解を得て連絡を入れたりするなど、制度利用につなげていく連携とその技術が求められます。また、連携しやすい体制やネットワークを日頃から作っていくことが大切です。

　その他、可能な範囲で加害者の暴力や支配行動についてメモ、写真、診断書等を残すこと、緊急時の対応方法を検討しておくこと、無料の法律相談や弁護士の相談等により法的な知識を得ること、次の約束をするなど相談を継続すること、人や社会とのつながりを保ち孤立を防ぐことなど、自身でできることを考えてもらうための情報提供も有効です。

● 終結

　面接の構造（相談の流れ）を図 8-2 に示しました。実際には一方向のプロセスではなく、相談者理解と現実的課題（問題）の対応が同時並行で、行きつ戻りつしながら進んでいくものです。そうであっても、この構造や流れを理解し、今、面接のなかで何を行おうとしているかを意識化することは、面接力の向上に寄与し、相談者を不安にさせないよりよい支援を行うことにつながります。

Point of View ⑧

相談の技法

　相談は単なる会話とは異なります。また，相談・面接を展開する責任は相談者ではなく，支援者にあります。相談の際は，意識的に技法を用います。そうすると，流れをスムーズに導きながら相談を展開することができます。相談技法の習得にはトレーニングが必要ですが，まずは意識することから始めるといいでしょう。

　以下に，DV 被害者支援や女性相談支援等の面接相談および電話相談で筆者が多用していた代表的な技法を紹介します。マイクロカウンセリング技法（福原他 2004）を参考にしたものです。

傾聴技法	
あいづち（励まし）	「ええ，ええ」「うん，うん」「なるほど」などのうなずき，あいづち
会話の促し	「それで」「というと」「たとえば」と話を続けることを促したり，励ましたりする最低限の言語的かかわり
沈黙	相手の言葉を黙って待つ 例：「えっと，その……」「……沈黙……」
繰り返し	相手の言葉の一部もしくは全部を繰り返す 例：（母がそう言ったんです）「お母さんが」／（○○がしんどいんです）「○○がしんどい」
感情の反映（反射）	相談者の感情を受容し，その感情を言葉にして伝え返す 例：「あなたは本当に悲しい気持ちなんですね」「あなたはつらいと感じておられる」
言い換え	相談者の話のエッセンスを支援者の言葉で返す 例：（……について，もうどうしたらいいかわからなくて）「……に困っておられる」

明確化	相談者が自身の思いをうまく表現できず，明確に言葉にできない場合に，支援者が先取りして言葉にして伝える
要約	面接の区切りや最後などに，重要な点や要点を整理して伝え返す 例：「あなたは……について，……ことを気にされているのですね」

質問技法

開かれた質問 （オープンクエスチョン）	相談者の答えの内容を限定せず，自分自身の表現で自由に答えることができる質問 例：「どうしましたか？」「どんな具合ですか？」「どんなふうに感じましたか？」「それについてもっと教えてくれませんか？」
閉ざされた質問 （クローズドクエスチョン）	「はい」「いいえ」で答える質問や，質問に対する答えが限定されている質問 例：「Aですか？　Bですか？」「家族は何人ですか？」「それはいつのことですか？」

積極技法

リフレーム（解釈）	相談者に，ものごとの別の見方や代わりの枠組みを提供することで，新たな意味づけや人生のストーリーを導く
情報提供・助言・説明	新たなインフォメーションを相談者に提供する。考え方，知識，選択肢や方法を提示することで，具体的な行動をとることや認識の変化を助ける
直面化	相談者が葛藤を抱いている部分に焦点を当て指摘することで，問題状況に向き合ったり，自分のなかの矛盾に気づくことを促す 例：「あなたは，前回，『今までもそうだったように，きっと夫はこれからも変わらない』とおっしゃっていましたが，今回は『変わるんじゃないかと思う』とおっしゃいました。どちらがあなたの実感に近いのでしょうか？」
アイメッセージ	支援者が自分を主語にした言い方をして，直接的主観的なメッセージを伝える 例：「私は……と思います」「私は，あなたに暴力のない生活を送ってほしいと思います」「私には，あなたが悪いとは思えません」

とくに相談者理解の段階では，傾聴技法と質問技法を活用することで，相談者が何に困っているのか，どのような状況にいるのかなど，本人のいる世界の理解が進みます。

　女性相談支援の現場では相談者が，具体的な問題解決方法や情報を望んでいるというより，今のしんどい気持ちを聴いてほしい，誰かにこの状況を話すことで楽になりたいという思いでつながる相談も多くあります（そうしたタイプの相談は DV 相談以外で多くみられます）。そのようなときは，まずは聴くに徹します。傾聴技法のうち「あいづち（励まし）」「会話の促し」「沈黙」「繰り返し」の４つを意識的に試してみるといいでしょう。この４つの技法は，しんどさや孤独，混乱，怒りを感じてかけてきている電話相談にとくに有用です。支援者にとっては，落ち着いて対応する方法の「引き出し」となり，相談者にとっては気持ちを吐露できる時間となります。

　一方，相談者理解を進めるためには質問も大切です。その際，「開かれた質問」と「閉ざされた質問」を織り交ぜながら，状況の把握をしていきます。「きっと話したくないだろう」「聞くのは悪いかな」と躊躇してしまうと話す支援者もいますが，とくに DV 被害者／女性相談支援では，「本人のことは本人に聞く」ことが基本です。あなたのことを一緒に考えたいので，そのためにあなたのことを教えてほしいと真摯に伝えます。そのうえで，支援者の質問力が問われるところです。

　実際に社会資源や制度の活用を検討する際には，さまざまな基本情報の確認が必要になります。たとえば，一時保護制度の利用につなげる際には，健康状態や服薬状況（同伴する家族も含め），食物アレルギー（食事の提供のため），所持金・社会保険の種類等の情報が通常は必要です。その際は，聞き取りシートを用意したうえで面接すると，尋ねやすく，漏れを防げます。また，相談者も必要事項を聞か

れていると認識できます。質問の際は，なぜこのような項目の聞き取りが必要か，その情報が共有される範囲を説明し，相談者が不安になったり，不信感につながらないよう配慮が必要です。

　現実的課題（問題）の対応の段階では，心理的にアプローチすること，心理教育的な支援も大切です。その際には積極技法を用います。

　いずれの段階でも，相談技法を意識して対応することは，支援の技術を高め支援者の「引き出し」を増やすことになります。

Point of View ❾
ジェノグラム

　ジェノグラムとは，家族関係を視覚的に図式化した家族図のことです。一般的には 3 世代以上の家族や親族のつながりを示します。相談を受けたら，ジェノグラムを描くことを習慣づけましょう。面接などから得た情報を整理するときにジェノグラムを描くと，家族や親族の関係やつながり，相談者が生きてきた歴史が可視化できます。相談者の状況の理解が進み，支援の検討にも役立ちます。また，聞き漏らした点にも気づきます。面接のなかで，机に大きめの紙を広げ，相談者と一緒に作成していけば，支援者と相談者の間に，問題解決に向けたパートナーシップを構築することにもつながるでしょう。

　相談記録にジェノグラムの記入欄を作っておきましょう。後で振り返る際や，他の職員がケースの状況を確認する際に理解しやすく

なります。また，ケース会議やカンファレンスの際に資料として提示したり，会議を進めながらホワイトボードに書き込んだりもできます。それにより，参加メンバーが共通理解を得たうえで支援策を検討することができます。

ジェノグラムの記載方法は，1つに決まっているわけではありませんが，基本的なルールを以下に示します。

- **人物を示す**：通常，男性は□（四角）で，女性は○（丸）で表す。構成員の名前，年齢，生年月日，所属，職業などの基本情報を近くに記載する。

- **夫婦や内縁関係などを示す**：夫婦は，男女それぞれから縦線を おろし，横線で結ぶ。結婚は実線，内縁関係は点線など横線の 種類を変える。再婚は横に新たな線を伸ばす形で記入し，離婚 は斜線 2 本で示す。

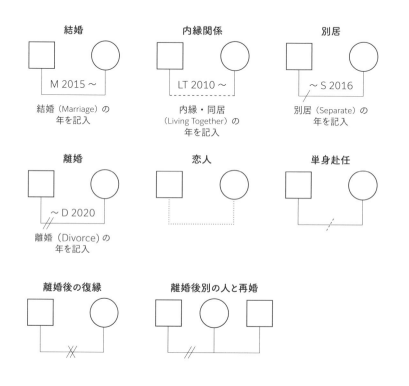

- **親子関係，子どものきょうだいを示す**：夫婦をつなぐ横線から縦線をおろし，子どもを記入する。きょうだいは年齢順に左から右へ書くのが一般的。

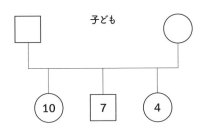

子ども

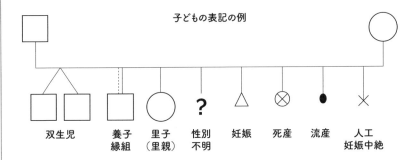

子どもの表記の例

よりくわしくは，『手に取るように家族がわかる ジェノグラム描き方と活用のコツ』（子どもの虹情報研修センター 2023），『対人援助職のためのジェノグラム入門』（早樫 2016）が参考になります。

パート
II

子ども虐待と
DVの交差に
介入する

第9章

現状からの
パラダイムシフトに向けて
──「守ることの失敗」アプローチから
Safe & Together モデルへ

　パートⅡでは，子ども虐待とDVが交差するケース，および子どものいるDVケースの実践に有用ないくつかの「メガネ」と「引き出し」を提供します。子ども虐待とDVの交差というテーマに対して，現場でどのように支援・介入していくかについての検討は，日本ではほとんど行われていません。さまざまな課題があり，現状からの転換が求められています。筆者も探求を続けている最中ですが，これまでの筆者の研究や海外の取り組みから実践者と共有したい視点や知見を示していきます。

　欧米ではすでに多くの研究と実践が積み重ねられています。米国では連邦政府といくつかの州で，DVと子ども虐待（マルトリートメント）に特化した非常に実践的なマニュアルやガイドが作成されています。児童福祉分野において DV は中核的な関心事なのです。本書で主に参照する米国のマニュアル・ガイドとそこに示された DV の定義を表 9-1 にまとめています。

　米国では国レベルのものとして，子ども虐待と DV が同時に起きているケースに対応するためのマニュアル『DV を経験する家族における子どもの保護（Child Protection in Families Experiencing Domestic Violence）』（米国子ども庁マニュアル）が公刊されています。2003 年に初版が発行されたこのマニュアルは，2018 年に改訂がなされ，児童保護機関による子ども虐待への対応とプロセスを包括的に示したガイド『児童保護サービス──ケースワーカーのためのガイド（Child Protective Services: A Guide for Caseworkers）』の姉妹版として位置づけられました。このことからも，米国の子ども虐待対応において DV は重

表 9-1　米国で公刊されているマニュアル・ガイドと DV の定義

（DV 被害者と子どもの支援実践研究会メンバーの協力を得て翻訳）

	冊子名	発行元	DV の定義
米国子ども庁マニュアル (2018)	DV を経験する家族における子どもの保護（第 2 版）Child Protection in Families Experiencing Domestic Violence (2nd ed)	Capacity Building Center for States	親密なパートナーの一方が他方に対して強圧的なコントロールを行う行動パターン
オレゴン州ガイド (2016)	DV ケースにおける児童福祉実践 Child Welfare Practices for Cases with Domestic Violence	Oregon Department of Human Services	過去または現在の親密なパートナーに対して，関係性における権力とコントロールを得るために用いる，身体的，性的，経済的，感情的虐待を含む強圧的な行動パターン
ワシントン州ガイド (2016)	DV に対するソーシャルワーカーの実践ガイド Social Worker's Practice Guide to Domestic Violence	Children's Administration Washington State Department of Social and Health Services	成人または青年が親密なパートナーに対して行う，身体的，性的，心理的な攻撃や経済的な強制を含む，暴力的で強圧的な行動パターン
ミネソタ州ガイド (2021)	子どものマルトリートメントと DV の併存に対応するミネソタ州のベスト実践ガイド Minnesota's Best Practice Guide for the Co-occurrence of Child Maltreatment and Domestic Violence	Minnesota Department of Human Services	現在または過去の親密なパートナーによる，身体的攻撃，性的強制，心理的虐待，支配的行動など身体的，性的，または心理的危害を引き起こす行動。この定義には，加害者が被害者に対し，権力，支配，優位性のパターンを維持しようとする意図から生じる，それぞれの関係の状況に特有な幅広い行動が含まれる

要な位置を占めているといえます。なお，米国子ども庁マニュアルとオレゴン州ガイドは，DV と子ども虐待が交差するケースへの介入・支援の視点や方策を示す Safe & Together モデル（後述）を取り入れています。

　それぞれのマニュアルやガイドにある DV の定義からは，第 2 章で説明した強圧的コントロールが DV 概念の中核をなしていることがわかります。

DVは，単回あるいは繰り返される暴力のエピソードではなく，パートナーに対して権力や支配を維持する加害者が用いる，暴力的で強圧的な行動のパターンとして理解されているのです。

パートⅡでは，広く子どもや家庭に関わる機関を「児童福祉／子ども家庭機関」，子ども虐待通告に対応する児童相談所と市区町村児童家庭相談担当部署を「児童相談機関」と呼びます。また，児童相談機関が出会うDVケースは多様であること，とりわけ警察からの虐待通告によりつながるケースは夫婦間状況的暴力の側面が強い場合も少なからずあることから，ここでは，一方の親が他方の親に対して強圧的コントロールを用いている（もしくはそれが疑われる）ケースへの介入や支援を中心に扱います。よって，「加害者（加害親）」はパートナーに対して強圧的コントロールを行っている（もしくはそれが疑われる）人を指し，「被害者（被害親）」は強圧的コントロールを受けている（もしくはそれが疑われる）人を指します。

このパートの記述から，DVが背景にあるとしてつながってくる多様なケース，反対にDVとしてはつながっていないケースにみられる支配の有無やその構造，家族力動（家族員の力関係や相互関係のあり方）を見抜く「メガネ」を得ることができると思います。同時に，強圧的コントロールの被害者を加害者と誤認しないという，子どもの安全と福祉を守るうえでとても重要な「メガネ」と，被害親，加害親，子どもに面接する際に使える「引き出し」となる知見も紹介し，実践を支える一助とすることを目指します。

日本の現状

日本における，DVがある家庭への児童福祉実践の現状と課題について，ステージモデルに照らしてみていきましょう（図9-1）。以下に示す内容は，児童相談所所長，研究会メンバーの協力をもとに，研修などを通じて出会った多くの実践者との対話を経て整理したものです。

図 9-1 子ども虐待の背景に DV があるケースの
児童福祉実践の現状と課題（薬師寺順子・増井香名子作成）

【A ステージ】 加害親と同居中	→	【B ステージ】 一時避難中	→	【C ステージ】 別居（当初）	→	【D ステージ】 別居（数年経過後）
・DV が絡む虐待事案の警察からの通告が急増し対応がひっ迫，DV のアセスメントが不十分 ・被害親・加害親・子どもへの面接や，家族への支援・介入体制の未整備 ・児童相談機関と DV 被害者／女性相談支援機関の連携体制は発展途上 　　　　　　　など		・児童相談機関の担当者が，女性相談支援センター等に一時保護された母子すべてに関われていない ・子どもの状態像のアセスメントや被害からの回復支援が不十分 　　　　　　　など		・別居後の被害親と子どもは，生活上の困難や加害親から受けたトラウマを抱えているが，支援が十分届いていない ・新たに暮らす市区町村への引き継ぎや地域での支援体制が十分でない ・加害親の支配や侵襲が継続する可能性についての認識と支援が十分でない 　　　　　　　など		・中長期的に DV 被害親子を支援する体制がない ・子どもの情緒的な問題や行動上の問題に DV の影響がみられることがある。児童相談機関のみでの対応ではニーズに応えられず，他機関との協働が必須 　　　　　　　など

◆ A ステージ：加害親と同居中

「児童が同居する家庭における配偶者に対する暴力」に関する，警察から児童相談所への虐待通告の件数が急増しています。そのため，児童相談機関の対応はひっ迫し，DV が関係するすべてのケースのアセスメントを十分にできているとはいえない状況です。また，被害親，加害親，子どもへの面接や，家族への介入・支援体制は未整備で，効果的な方法を現場が持ち得ているとはいえません。

　そうしたなか，虐待通告を受理した際，虐待の程度が軽微と判断されるケースでは，子どもの所属機関などを通じて子どもの状況を間接的に確認するのみで終結することもあります。また児童相談機関は，被害親にのみ面接して，「子どもに夫婦ゲンカを見せないように」と指導したり，「子どもを暴力にさ

らしているということは，子どもを守れていないことになる」「あなたも子
どもの虐待者である」と指摘することが主な関わりになっている現状があり
ます。さらに，被害親に避難を勧めても希望しなかったり，いったん避難し
ても帰宅したりする場合，「母親に問題がある」「親として不適格である」と
評価することもあります。

　一方，児童相談機関は加害親には面接をしないことも多く，加害親の行動
を変えるための働きかけが十分になされているとはいえません。面接をした
としても，被害親への対応と同様，「子どもに夫婦ゲンカを見せないように」
という指導，「子どもを暴力にさらす＝虐待」と指摘し注意を促すことが中
心である実状があります。被害親と加害親を一体化せず家族力動を理解する
「メガネ」をもつこと，子どもの安全を高めるため，加害親の行動の責任を問い，
行動を変えることを目標に加害者に効果的に関わる「引き出し」をもつこと
は，実践現場の喫緊の課題です。

　さらに，児童相談機関とDV被害者／女性相談支援機関の連携体制はい
まだ不十分です。その背景には，立場の違いによる機関間の葛藤や，DV被
害者／女性相談支援機関の体制の未整備などがあります。児童相談機関が
DVケースに本気で取り組もうとすると，被害親に継続的に関わることので
きる支援者が地域にいない，避難を希望しているもしくは避難を勧めたい親
子の避難先を確保できないという現実に直面する地域も少なからずあります。
一方，DV被害者／女性相談支援機関においては，児童相談機関や警察の関
わりに傷つき，困惑する被害親に多く出会います。しかし，代弁者としての
機能を果たすことは簡単ではありません。

◆Bステージ：一時避難中

　被害親と子どもがともに，女性相談支援センターなどで一時保護されてい
る場合や，実家・知人宅に避難している場合があります。DV被害者／女性
相談支援の一時保護制度の枠組みでは，子どもはDV被害者の同伴家族と
いう扱いです。女性相談支援センターは，被害親とともに子どもを一時保護
し，衣食住を提供します。しかし，子どもは被害親の責任で世話することが

ルールとされ，支援者が誰も子どもに面接をしていないこともみられます。また，児童相談機関においても，避難中の子どもに十分に関われていなかったり，関わったとしても，子どもの状態像のアセスメントや被害からの回復支援につなぐところまで至っていないことが多いのが実状です。

　なお，被害親は女性相談支援センターの一時保護，子どもは児童相談所の一時保護といった形で別々になっている場合や，被害親のみが家を出ている（出ざるを得なくなった）場合もあり，子どもと大人それぞれの被害者の安全や思い，加害者の主張，親権者の同意などが複雑に絡み，子どもの最善の福祉を検討することに苦慮することがあります。

◆Cステージ：加害親と別居した当初

　被害親と子どもは，加害親と別居したとしても，生活上の困難や，暴力を経験したことによるトラウマの影響を抱えています。

　日本では通常，被害親が暴力のない生活を望み離別を決めた際，被害親が住み慣れた自宅を離れることが求められます。転居や転校により親子の生活は変化し，その喪失や負担は大きなものです。しかし，もともと生活していた地域と新しく生活する地域の支援の引き継ぎが十分でなかったり，新しく暮らす地域で支援を十分に得られないことは少なくありません。本来，加害親と別居後にこそ，被害親の支援，子ども一人ひとりの支援，親子の関係性支援が必要です。

　また，別居後や離婚後に加害者の関与が続き，加害者からの強圧的コントロールが継続しているケースもあります。その結果，被害親と子どもが不安を感じていたり，被害親の子育てや母子の生活に困難や混乱がもたらされ，子どもと被害親が回復に向かえないことも起こり得ます。しかし，別居によりリスクが下がるという認識を支援機関がもっていると，こうした実態を十分に把握できず，子どもの権利と安全を守る働きかけがなされずに，被害親に過重な負荷がかかります。

◆Dステージ：加害親と別居し数年が経過

加害親と別居し数年が経つと，新たな暮らしが日常になってきます。強圧的コントロールを受けた大人と子どもの被害者を継続的に支援する体制は確立されていません。DVや虐待が主訴ではないけれど，子どもの不登校，子どもから母親やきょうだいへの家庭内暴力，非行などの相談，ネグレクトなどの通告により児童相談機関につながってくるケースで，親子の生活歴を丁寧にみていくと，DVが理由で父母が離婚していたケースに多く出会います。子どもの情緒的な問題や行動上の問題，また養育者の困難の背景には，DVの影響があるのです。Cステージで十分なサポートが得られていれば違っていたのかもしれないと思えるケースは少なくありません。

このようにどのステージでも，その対応や支援は，DVを経験している子どもと被害親にとって，十分とはいえない現状があるといえます。

子ども虐待とDVの2軸で現状を捉える

実際に支援現場で出会う，DVと子ども虐待が交差するケースは多様です。そうした多様なケースに，その時々でどのように対応しているかを整理したのが「子ども虐待とDVの2軸からの介入検討モデル」です（図9-2）。縦軸に「子どもの状況」として，子ども虐待の重症度および安全確保の必要性を置いています。たとえば，虐待の程度としては軽度で子どもの安全確保の必要性が低い場合はL，中程度の場合はM，高い場合はHで示します。横軸は「被害親の心理的状況」として，DVの観点から，離別の意思や揺れ・迷いの状況を捉えます。これはステージモデルの心理的ステージに準じており，離別の意思がない場合はⅠ，離別の意思がある場合はⅡとなります。

なお，支援や介入のあり方に影響するため，ここでは「離別の意思の有無」を軸としていますが，離別の意思のない被害親を責めたり否定したりするものではなく，そのような態度をとるべきではないことに留意してください。

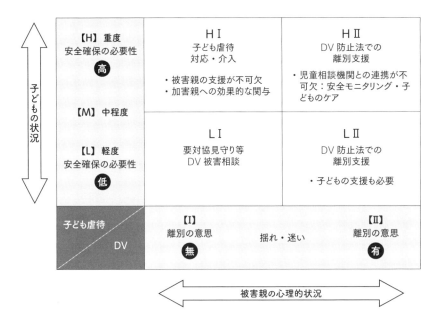

図9-2 子ども虐待とDVの2軸からの介入検討モデル

　それぞれのケース別にみて，対応の現状と課題はどうでしょうか。「子どもの状況」と「被害親の心理的状況」の2つの側面から考えてみたいと思います。

◆LⅠ：子どもの状況L（軽度），被害親の心理的状況Ⅰ（離別の意思なし）
　この場合，児童相談機関では，被害親に面接を行い助言指導をして終結するか，要保護児童対策地域協議会（要対協）の要保護児童や要支援児童として登録するという対応が多いでしょう。しかし，通告が繰り返される場合などは，被害親への助言指導や要対協の見守りだけでは，DV加害者による子どもへの危害や影響が減らないことは明らかです。通告でつながる多様なケースをどう見立てるかに加え，子どもの安全と福祉を高めることにつながる効果的な被害親・加害親・子どもへの面接・対応がどのようなものかを検

討する必要があります。

　被害親への支援の一環として，児童相談機関などがDV被害者／女性相談支援機関を紹介することもあります。また，通常のDV相談の半数以上は子どもがいるDV被害者からの相談です。DV被害者／女性相談支援機関では，関係を継続する被害者にどのように関わり，またつながり続けられるかが問われています。いずれの機関も，離別するかどうかに主眼を置くのではなく，物理的にも心理的にも孤立させないことこそが重要です。

◆HI：子どもの状況H（重度），被害親の心理的状況I（離別の意思なし）

　虐待による子どものリスクが高いと判断された場合，子どもの安全確保のため，子ども虐待への対応・介入が優先され，児童相談所においては子どもの一時保護が検討されます。たとえば，子どもへの性的虐待が疑われる場合や子どもがケガをしている場合は，子どもの安全確保が何より重要です。

　加えて，もう一人の被害者である被害親の支援も不可欠です。子どもが一時保護された後に，加害親と被害親の同居が継続している状況は，加害親から被害親への暴力が継続し，エスカレートするリスクがあります。また，残された被害親は加害親の強圧的コントロールの影響を受け続け，児童福祉／子ども家庭機関の対応や自身が話した内容が加害親に伝わるという不安から，児童相談所などとの協力関係を結べず，ときに敵対したり，加害親の指示や意向を汲み前面に出て攻撃したりする役割を担う（担わされる）こともみられます。児童相談機関は，加害親に関わったり面接したりする際，職員自身の安全を守りつつ，加害親の操作性に巻き込まれることなく，子どもの親としての責任に焦点づけながら対応することが課題となります。

　なお，被害親に対し，加害親とは別に先に面接し，母子での避難につなぐことや，その方法を探ることも選択肢となります。その場合，DV被害者／女性相談支援機関と児童相談機関が効果的にスムーズに連携することやそのための地域における連携システムの整備が不可欠です。

　DV被害者／女性相談支援機関が，児童相談機関につながっていないケースに対応する場合，子どもの安全を優先し，児童虐待通告を行うことが必要

です。その際は被害親との信頼関係をできるだけ保てるよう，被害親本人と子どもを守りたいと思っていることを真摯に伝えつつ，子ども虐待に対応する機関の責務を明確にぶれずに説明します。

◆ LⅡ：子どもの状況 L（軽度），被害親の心理的状況Ⅱ（離別の意思あり）

被害親に離別の意思があり，それに向けた動きをとろうとする場合，DV防止法を基軸とした DV 被害者支援の枠組みでの対応となり，DV 被害者／女性相談支援機関の関わりが中心になります。その際，子どもは，DV 被害者の同伴家族として扱われ，子どもに対しては関わりがなされていないことがみられます。しかし，子ども虐待の程度が軽度（軽度と判断される）だとしても，子どもは加害親の行動や生活基盤の変化の影響をさまざまに受けています。被害親自身への関わりや生活支援とともに，個々の子どもに関わり支援する体制が本来は求められます。

それ以前に，被害親がどこにも相談していない，支援につながっていないこともあります。その場合は，DV 被害者／女性相談支援機関につなげることを検討します。DV 被害者／女性相談支援機関は，加害者との離別を望む被害者の思いと動き出し，そして生活の構築を支える集中的なソーシャルワーク機能を発揮することが期待されます。

◆ HⅡ：子どもの状況 H（重度），被害親の心理的状況Ⅱ（離別の意思あり）

子ども虐待が顕在化するなかで，被害親が離別を決意する場合があります。重度の子ども虐待を児童相談機関が把握し，母親に対し子どもとともに避難することを勧め，女性相談支援センターの一時保護や母子生活支援施設への入所となるケースもあります。また，DV 被害者支援の枠組みでの避難やシェルター利用のなかで，子どもや被害親からの開示により子どもへの重篤な虐待が明らかになることがあり，その場合，児童虐待通告が検討されます。

これらの場合，被害親に対しては DV 被害者／女性相談支援機関によるDV 防止法に基づく支援の動きが中心となりますが，同時に，子どもの安全やケアについては，児童相談機関との協働がいっそう必要です。子どもたち

が被害親とともに加害親から別居したとしても，加害親の行動が子どもに危害を与えていないか，子どもの安全をモニターすることが欠かせません。また，トラウマの影響からの回復や成長発達への支援，手厚い子育ての支援も必要になります。

　以上，日本における実践現場の対応の現状と，求められることなどを簡単に示しました。家庭内は見えにくいうえ，状況は変化し，現実はもっと複雑です。子どもに危害や影響が及ぶ不安がありながら，加害親との生活が継続するMⅠ（子どもの状況：中程度，被害親の心理的状況：離別の意思なし）もあります。子どものみ一時保護を行うという判断にはならない（もしくは，それが子どもの福祉にとって必ずしもよいわけではないと考える）けれど，子どもの安全に懸念のある不安定な家庭状況で生活が継続しているケースは，事例検討会でもよくテーマとなります。

　また，被害親は，加害親との生活に限界を感じていて，別れたい思いはあるけれど，方法がなく身動きがとれないなかで，加害親との生活が継続しているMⅡ（子どもの状況：中程度，被害親の心理的状況：離別の意思あり）の状態も，児童相談機関が関わるケースにはみられます。「被害者が逃れないのが悪い」と見なされがちですが，よく聞いてみると方法が示されていなかったり，提示されている支援策が現実的でなかったりすることもあります。

　いずれにせよ，支援者には，被害親との協力関係を構築して子どもをともに守っていく基盤を作ること，何より加害親の行動の変容を促すための関わりが求められます。加えてMⅡの場合は，被害親と子どもが加害親から離れるための現実的な方法を提示することが大切です。その際，すべてを捨てて避難することや遠方への転居を一律に求めるのではなく，被害親と子どもが大事にしているものやつながりを残すという発想も必要です。容易ではありませんが，加害親に対して家を離れる働きかけをしたり，被害親と子どもが生活圏を変えることが難しいのであれば，近隣での転居・別居を検討するといったことも選択肢です。もちろん状況次第ですが，まずは加害親と生活空間を別にし，子どもへの危害を減らすことが有効かつ現実的な場合もあり

ます。警察による加害者への逮捕等による介入，児童相談所の指導や親族の介入を得て，また加害者プログラムに参加するなかで，加害親が家を出て，被害親と子どもは今までの居所で生活を継続しているケースも少なからずあります。

　筆者の実践では，子どもがいる DV ケースに対応する際や，ケースカンファレンスに参加する際は，現在の状況が「子ども虐待と DV の 2 軸からの介入検討モデル」のどこに当てはまるかを検討するようにしています。そうすることで，多岐にわたる家族の状況と介入の選択肢を客観的に捉えることができます。

　いずれの状況であっても，DV 支配のメカニズムと強圧的コントロールを捉える「メガネ」は対応の基本になります。それを踏まえて，被害親，子ども，そして加害親にどう関わるかの「引き出し」を充実させていくことが大切なのです。

求められるパラダイムシフト

　ここまで日本における現状と課題を説明してきましたが，DV と子ども虐待が交差するケースに適切に対応するためには，従来の視点を大きく転換しなければなりません。DV による子どもへの影響や危害の責任は，暴力や強圧的コントロールを行う加害者にこそあるのです。

　裁判所が被害親を子どもの保護不履行であるということで処罰したり，児童保護機関が「被害親が離別しないのが悪い」「被害親が子どもを守れていない」と被害親を指導し，被害親に責任を負わせるような従来のアプローチは，「守ることの失敗（Failure to Protect）」アプローチと呼ばれており，ここからの転換の必要性が，米国，英国，オーストラリアなどで認識されています（図 9-3 → P.158）。米国では 2000 年代に転換の必要性が指摘されるようになってきました（米国こども庁マニュアル）。

　「守ることの失敗」アプローチでは，加害親の行動に対して，被害親が子

図9-3 「守ることの失敗」アプローチからの転換・変革に向けて

「守ることの失敗（Failure to Protect）」アプローチ

- その行動を選択した責任・親としての責任を加害親に負わせない
- 加害者の行動に対して被害親が子どもを守れていないと考え，責める
- 被害親が加害親と一緒にいることで，子どもが暴力にさらされていると考える
- 被害親がしている子どものための取り組みや努力を見落とす
- 被害親と子どもが助けを求めなくなり，孤立する
- 子どもの安全と福祉を高めるという児童福祉実践の目標を達成できない

実践の転換・変革

- DV支配と強圧的コントロールの本質的理解
- 被害親との協力関係の構築，被害親の支援
    - 子どもの安全と福祉を守るための協力関係を被害親との間で築く
    - 被害親が子どものためにしている努力は多くある＝ストレングスを捉える
    - 被害親への支援は子どもの安全と福祉を高める
- 加害者の行動の理解，責任（アカウンタビリティ）を求める関わり
    - DVは加害者の行動の選択が原因であることから，加害者の行動に焦点づける
    - 加害者の行動と支配のパターンの理解とアセスメント
    - 加害者の親としての責任に焦点づけ，行動を変えることを求める

どもを守れていないと考え，被害親が責められます。また，被害親が加害親と一緒にいることで，子どもが暴力にさらされていると考えます。そのため，本来注目すべきである，暴力を振るったり強圧的コントロールを行う加害親の行動と責任が無視されています。実際に，暴力を受け110番通報した被害親が児童相談機関から一方的に指導を受けたり，警察から家を出ることを厳しく求められたため，もう助けを求めない，人には言わないことを決めたという事例を耳にします。そのような対応では，被害親が行っている子どものための取り組みや努力が見落とされてしまうだけでなく，被害親と子どもがSOSを出そうとしなくなり，孤立することにつながります。結果として，子どもの安全と福祉を高めるという児童福祉実践の目標から遠ざかることになってしまいます。

それでは，「守ることの失敗」アプローチからの転換を図るにはどのようなことが必要でしょうか。海外の知見をみていくと，総じて3つのことが重要であることがわかります。

① **DV支配の本質，とりわけ強圧的コントロールを理解する**：DV加害者が行う強圧的で支配的な行動は，被害親に混乱をもたらし，被害親の子育てを困難にし，家族全体の生活に多様なダメージを与える。また強圧的コントロールはパートナーだけでなく子どももターゲットになる。

② **被害親のストレングスの理解に基づく協力関係の構築と，被害親への支援**：被害親は子どもを守るため，また子どもの日常生活を維持するために多くの取り組みや努力をしている。そうしたストレングス（強み）があるという前提に立ち，支援機関は，被害親との間に子どものための協力関係（パートナーシップ）を築くことに向けた働きかけを行う。被害親に対する支援機関からのメッセージは，「被害親が自分自身と子どもを守れるよう，私たちは協力することができる」というものでなければならない。また，被害親への支援や孤立を防ぐことは，子どもの安全と福祉を高めることにつながる。

③ **加害者の行動パターンの理解と，責任（アカウンタビリティ）を求める関わり**：加害者が強圧的で支配的な行動を選択していることによりDVは起こっている。子どもはその影響や危害を直接的・間接的に受けている。そのような視点で加害親の行動を理解し，支配のパターンのアセスメントをしっかりと行う。また，子どもの親としての責任に焦点づけ，行動を変えることを目標にして関与する。

Safe & Togetherモデルでは，主に，①をDVインフォームドアプローチ，②を被害親とのパートナーシップ，③を加害者パターンベースドアプローチ，と表現しています。これらの「メガネ」と「引き出し」を手に入れることは，DV加害者の暴力と強圧的コントロールにさらされている子どもを効

果的，効率的に守るための大きな第一歩を踏み出すことになります。

Safe & Togetherモデル

Safe & Together モデルは，創始者であるディビッド・マンデルがみずからの加害者臨床や児童福祉機関などでの支援経験をもとに開発した，DV と子ども虐待の交差に対応する実践モデルです。そこでは以下のことが目指されます。

- 子どもを中心としたよりよい決定
- 非加害親との有意義なパートナーシップ（協力関係）の構築
- 加害親への効果的な介入方法の開発

このモデルの特徴として，支援者個人の支援・対応力を高めることはもとより，組織や支援システムの変革にも焦点を当てていることがあげられます。現在，このモデルは，米国，オーストラリア，英国，カナダ，ニュージーランドなどの支援現場で広く活用されています。さらに，主としてオーストラリア・メルボルン大学のキャシー・ハンズフリー教授のもと，研究も精力的に取り組まれており，エビデンスベースドの実践が積み上げられています。また，Safe & Together モデルでは DV と子ども虐待に関わる実践者向けのトレーニングが開発され，実施されています。筆者は，DV 被害者と子どものどちらも取りこぼさない包括的な支援を模索するなかでこのモデルに出会いましたが，日本の実践の変革や改善にも重要な示唆を与えてくれます。

Safe & Together モデルでは，3 つの原則（図9-4）と 5 つの構成要素（図9-5）を定め，共通言語を用いて，児童保護機関が関わる子どもの対応と，さまざまな機関同士の協働をサポートし，促進しています（Mandel 2024）。

図 9-4 Safe & Together モデルの 3 原則
（Safe & Together Institute の許可を得て掲載）

1 非加害親のもとで子どもが安全かつ一緒に（Safe & Together）いられるようにする
安全｜トラウマからの回復｜安定と養育

2 非加害親とパートナーシップ（協力関係）を築くことを基本とする
効率的｜効果的｜子ども中心

3 子どもへのリスクと危害を減らすための加害者への介入
関わり（エンゲージメント）｜責任（アカウンタビリティ）｜司法制度

図 9-5 Safe & Together モデルの構成要素
（Safe & Together Institute の許可を得て掲載）

加害者の
強圧的コントロール
（coercive control）の
パターン

加害者がとった
子どもに有害な行動

アルコール・
薬物乱用，
メンタルヘルス，文化，
その他社会経済的
要因の影響

子どもの安全と
福祉（ウェルビーイング）を
促進するための
非加害親の取り組みの
全容

加害者の行動が
子どもに与える影響

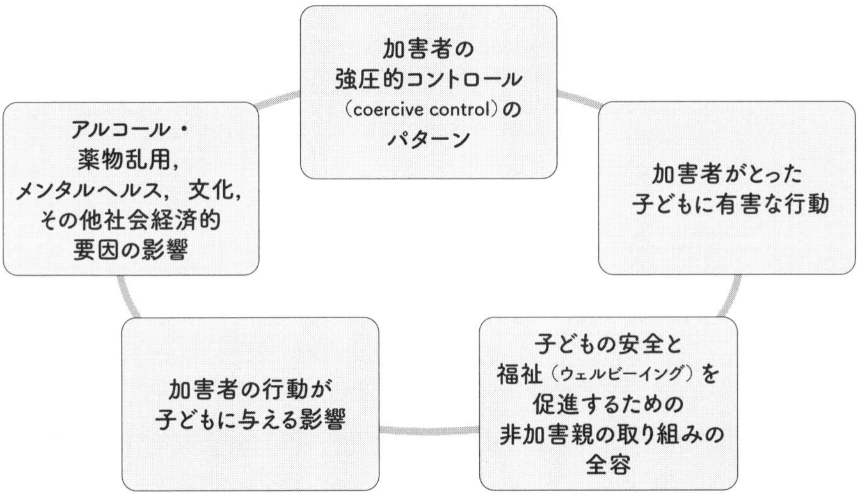

◆3つの原則

第一の原則は、「非加害親のもとで子どもが安全かつ一緒に（Safe & Together）いられるようにする：安全，トラウマからの回復，安定と養育」です。子どもの分離保護が必要な場合があることも否定していませんが，子どもが安全に非加害親と一緒にいられるようにすること，すなわち，子どもと DV サバイバー（通常は母親）とのつながりを維持することの重要性を強調しています。それが子どもの「トラウマからの回復」と，成長するための「安定と養育」の最大の保証となり，子ども中心の実践を行う児童保護機関の使命と合致するという考えです。

第二の原則は，「非加害親とパートナーシップ（協力関係）を築くことを基本とする：効率的，効果的，子ども中心」です。これは，第一の原則からつながってくるものですが，支援機関は非加害親と子どものためのパートナーシップを構築することが，最も効率的・効果的で，かつ子ども中心のアプローチとなることを示しています。非加害親は子どものために多くの取り組みや努力をしており，児童福祉／子ども家庭機関にとって，子どもの安全と福祉を高めるうえで頼れる味方であると考えます。そのためにも，被害親が子どものためにしている取り組みや努力を理解し，それを認めること，つまり被害親のストレングスに着目することが求められます。また，この原則の「パートナーシップ」という表現は，支援者がどのように被害親に関わる必要があるかという姿勢と義務を明示しています。つまり被害親を責めるのではなく，建設的で協力的な関わりをもつ必要があるということです。

第三の原則は，「子どもへのリスクと危害を減らすための加害者への介入：関わり（エンゲージメント），責任（アカウンタビリティ），司法制度」です。これは，子どものリスクの元凶である加害者の行動を可視化し続け，子どもへの影響を改善するために，支援機関は加害者に介入すべきであるというものです。暴力を選択した加害者（多くは男性）との対話を行い，自身の暴力，他者への影響，そして自分自身への影響について話すのであれば，対話は一種の介入と見なすことができます。それをしなければ，加害者は自分の行動が問題だというメッセージを耳にしないし，変化の可能性も広がりません。また，

加害者との対話の場がないと，加害者が子どもやパートナーに配慮がないことや行動を変えようとしないことが記録に残りません。大人と子どものサバイバーも見捨てられたと感じます。DV 加害者に関わる（エンゲージメントする）ためには，そのためのスキルと自信が支援者に求められます。Safe & Together モデルではその方法のトレーニングを提供しています。

また，このモデルが提示する責任（アカウンタビリティ）は広い意味をもちます。加害者に直接関わることだけを指すのではなく，支援者が加害者の行動パターンを理解することを通して DV を捉えることも含みます。実践において，被害親，加害者，さらには同僚との対話のなかで，加害者の行動選択に対する責任を明言すること（それを共通言語とし始めること）によっても具体化されます。加えて，加害者に親としての責任を正しく負わせる司法制度の役割も重視しています。

これらの原則は，児童福祉／子ども家庭機関のみならず DV 被害者／女性相談支援機関や警察，司法機関，医療機関などの複数の分野で利用できる共通の目標を生み出すことに役立つものとされています。

◆5つの構成要素

3つの原則はこのモデルの基盤となる考え方や実践目標を示していますが，5つの構成要素（図9-5）は，実践において適切な意思決定を行うために集める必要のある情報のカテゴリーを示しています。また，明確になった5つの構成要素は記録として残すことを重視しています（Mandel 2024）。

1つ目の「加害者の強圧的コントロールのパターン」と，2つ目の「加害者がとった子どもに有害な行動」は，加害者の行動，すなわち強圧的コントロールのパターンを常に理解することです。そこでは「暴力の出来事」にとどまらず，加害者が被害者や家族メンバーを支配するために展開しているさまざまな手口や行動を注意深く集める（記録する）ことを重視します。

また，2つ目に「加害者がとった子どもに有害な行動」を掲げているように，子どもへの危害につながるさまざまな加害者の行動を理解することに重点を置いています。加害者の行動には，直接的な虐待やネグレクトだけでな

く，親族や地域社会とのつながり，被害親と子どもとの関係を損なうといっ
た間接的なものも含まれます。

　3つ目は「子どもの安全と福祉（ウェルビーイング）を促進するための非加害
親の取り組みの全容」です。1つ目と2つ目の構成要素は，強圧的コントロー
ルを行う加害者の行動に焦点を当てていましたが，3つ目の構成要素は，強
圧的コントロールがあるなかで，非加害親（被害親）が行っている自分自身
と子どもを守るためのさまざまな取り組みに焦点を当てます。これは，警察
に通報することや避難することだけではなく，加害者から強圧的コントロー
ルを受けているにもかかわらず子どもの日常生活を維持している（維持に努め
ている）こと，保育所や学校に通わせていることなどを含んでおり，幅広く
評価することが重要です。この評価により，支援者が被害親を非難するよう
な状況から，被害親とのパートナーシップ（協力関係）へとつながっていきます。

　4つ目は，「加害者の行動が子どもに与える影響」で，1つ目や2つ目の
構成要素で示した加害者の行動の結果として，子どもがどのような影響を受
けているかを指します。

　5つ目は，「アルコール・薬物乱用，メンタルヘルス，文化，その他社会
経済的要因の影響」で，家族に直接的・間接的に影響を与え，DVの解決を
困難にしている要因の交差（インターセクション）と交差性（インターセクショナリ
ティ）に着目します。

　この5つの構成要素を明確にすること（Safe & Togetherモデルでは，これを「マッ
ピングする」といいます）がアセスメントになるとともに，多機関連携における
ケースの共通理解のツールとなります。また，子どもへの危害が，加害者の
行動とどのように結びついているかを詳述する枠組みを提供し，非加害親の
子どもへの取り組みを明確にします。そのことで，実践者のなかに存在する
母親と父親への親としての期待や求める役割の違い，つまり，女性には親と
して厳しい基準を求める一方で男性に求める基準は低いという，多くの支援
者が無意識にもつジェンダーのダブルスタンダードにも挑戦しています。

◆ 加害者パターンベースドアプローチと非加害親とのパートナーシップ

Safe & Together モデルは，「加害者パターンベースドアプローチ」と「非加害親とのパートナーシップ（協力関係）」を提唱しています。

加害者パターンベースドアプローチは，Safe & Together モデルと DV インフォームドな児童福祉サービスの基礎となり，以下の特徴をもっていると説明されます（Safe & Together Institute Glossary Terms）。

- DV の原因となった加害者の行動と選択のパターンが，危害の唯一の原因であると見なす
- 加害者は，自分自身の行動と選択にもっぱら責任を負う
- 男性に親としての高い基準を求める
- 子ども中心の優れた DV 支援実践の基盤は，DV 加害者の具体的な行動と，それが子どもと家族の機能に与える影響を説明する能力にかかっていると考える

これらの特徴をもつ加害者パターンベースドアプローチは，加害者の特定と加害者との面接のみに焦点を当てる「加害者への関与（エンゲージメント）」アプローチより幅広いものである。加害者に直接接するかどうかにかかわらず適用することができ，被害親への関わりと子どものケースプランニングに関する実践全体に影響を与える。また，加害者パターンベースドアプローチは，加害者の行動パターンに焦点を当てるため，人種や階級，民族的な固定観念の影響を軽減することや，被害者を加害者と誤認することを避けるのにも役立つ。

一方，非加害親とのパートナーシップについては，Safe & Together モデルでは以下のことを行うとされます。

- DV 被害を受けている親は，子どもを中心とした支援実践の当然の協力者であると考える

- DV 被害を受けている親に関して，加害者は自分の行動とその結果に 100％責任があると伝える
- 子どもだけでなく，被害親の安全と福祉（ウェルビーイング）に焦点を当てる
- 被害親の子どもを守ろうとする努力を理解する
- 被害親と子どもの利益のために，被害親と協力して安全計画（セーフティプラン）を作成する

　被害親とパートナーシップを結ぶことにより，被害親が恩恵を受けるだけでなく，子どもを中心とした児童福祉／子ども家庭機関の専門家にとっても効果的な実践が可能になる。パートナーシップの実践は，児童福祉サービスの DV – 破壊型実践に関連する「守ることの失敗」アプローチの対極にある。非加害親との協力関係（パートナーシップ）は，本来，DV 被害者の支援者（アドボケイト）の活動の中核でありながら，さまざまな機関ではそれが欠如していたり，十分に活かされていないことがある。

　国によって，子ども虐待の対応システム，DV の対応システム，法律や運用の違いなどはありますが，DV 支配のメカニズム，加害者の行動，被害者と子どもにもたらされる影響や困難は世界共通です。したがってこのモデルは，日本の支援現場にも，新たな視点や具体的な方策を提示してくれると確信しています。

　くわしく知りたい方は，日本語版 Safe & Together：イントロダクション（モデル入門）E ラーニングプログラム（https://academy.safeandtogetherinstitute.com/course/intro-japanese）を受講することをお勧めします。

---

[1]　「大人と子どもの DV サバイバーにシステム（機関）自体が害を与えたり，支援や援助を受けることが困難になるような政策と実践」のことを，Safe & Together モデルでは「DV – 破壊型実践」と呼ぶ。

第10章
DV加害者が 子どもに及ぼす影響

子どもへの広範囲の影響

パートナーに対するDVは，子どもへの直接的な虐待がなかったとしても，子どもの親として不適切な行動です。DV加害者の行動が直接的・間接的に子どもの生活や成長に及ぼす影響や危害として以下があげられます。

(1) 子どもに対する直接的な虐待や強圧的コントロール

婦人相談所で一時保護になった被害親への調査では，加害親から子どもへの身体的虐待が51.2%，性的虐待が11.4%あったことが示されました（増井他 2016）。また，加害親と別居後の被害親への調査でも，加害親から子どもに身体的虐待があったと回答した割合は57.1%でした（増井・岩本 2022）。

米国では子ども虐待とDVの重複は30〜60%あること（Capacity Building Center for States 2018），子どもが重傷もしくは死亡に至る事例の4割強にDVが関連していること（Spears 2000）などが明らかにされ，DVと子ども虐待の問題への実践のあり方の検討が進められてきました。

近年，パートナーに対して身体的暴力や強圧的コントロールを行う加害者は，その他の家族に対しても強圧的コントロールを行使すること，子どもがそのターゲットとなっていることが報告されています（Katz 2022）。

(2) 子どもにとって重要な存在である被害親に暴力や支配を加え，
　　それを子どもが見聞きしたり，知ったりする

　加害親が，子どもにとって大切な存在であるもう一人の親を傷つけ，結果として，子どもがDVを見聞きすることや知ることの影響は甚大です。あるDV家庭で育った若者は，次のように話してくれました。

　「母親が暴力を受けているとき，その音を聞きながらお姉ちゃんと手をつなぎ，声を殺しながら泣いて，子ども部屋でただただ終わるのを待つしかなかった。自分は何もできなかった」

　直接暴力を受けていなくても，子どもがどれほどの恐怖を味わい，不安や心配を感じ，また無力感を抱いていたか想像できます。

　さらに，たとえその場にいなかったとしても子どもは被害親の雰囲気やケガ，壊れた家財の様子などからDVに気づき，その空気を感じ取ります。知ること自体により子どもが深く傷つくことも理解しておく必要があります。

(3) 被害親と子どもの関係を壊す

　加害親は，さまざまな方法で，被害親と子どもの関係をターゲットにします。「子どもが『お母さんと一緒に寝たい』と言っても，『一人で寝させろ』と父親が言い，母親を子どものところに行かせない」「ミルクを飲ませようとしたら，父親が自分を無視していると不機嫌になって，子どもにイライラをぶつける」「お父さんの前でお母さんと話をすると『文句を言ってるのか』と言われるので，お父さんがいるときは話せなかった」など，被害親が子どもと一緒にいることや，子どものニーズに対応し世話をすることを妨げることがあります。また，「『バカ女』と子どもの前で呼ぶ」「『おまえらの母親は最低だ』と繰り返し子どもに言う」など，子どもの前で母親を貶めたり，親としての価値を下げるような言動を繰り返し，被害親は尊敬に値しないと子どもに認識させることもみられます。このように，加害親はさまざまな形で被害親と子どもの関係を壊していきます。

（4）被害親を攻撃し支配する道具として子どもを使う

　被害親が子どもと離れられないことを知ったうえで「子どもを置いて出て
いけ」と言ったり，「言うことを聞かないと子どもに危害を加える」と脅す，
もしくはその不安を抱かせることによって，被害親を攻撃したり，思い通り
にしようとすることがあります。さらに，「母親の行動を子どもに監視させる」
「子どもに母親を殴らせる」など，被害親への虐待に子どもを関与させ，パー
トナーを支配する「武器」として子どもを使う場合があります。

（5）被害親の子育てを妨害する，子どもを養育する機能をおびやかす

　加害親は，被害親の子育てをしばしばおびやかします。「宿題をさせよう
としたら，『母親の言うことは聞かなくていい』とゲームを与える」「子ども
を寝かしつけようとすると父親に呼びつけられるので，子どもが遅くまで起
きていることになる」など，子どものしつけや生活リズムを維持することを
妨害されるのです。

　また，加害親の言動は被害親のメンタルヘルス不調を引き起こしたり，悪
化させたりします。それにより，被害親が子育てを安定して行うことが困難
になります。DV支配を理解する「メガネ」をもたないと，そうした状況を「母
親のネグレクト」「母親に問題がある」と判断してしまうおそれがあり，注
意が必要です。

　加えて，子どもが母親と一緒にいること自体が難しくなっている状況もみ
られます。たとえば，暴力によるケガで被害親が入院したり，長年強圧的コ
ントロールにさらされたことで精神状態が悪化し，精神科病院に入院になる
といったケースがあります。加害親の行動により被害親が追い詰められ自宅
で暮らすことができなくなったり，被害親が巧みに追い出されるといったこ
とも起こっています。「子どもを置いて出るなんてひどい母親だ」「母親が子
どもを捨てた」などと言われてしまうこともありますが，その背景には加害
親の強圧的コントロールがあるかもしれません。

（6）被害親と子どもが家庭にいることを難しくし，生活の安定を奪う

　加害親の暴力により，被害親と子どもが家庭にいることが難しくなる場合があります。

　事例で考えてみましょう。加害親がパートナーである被害親の顔面を殴りました。近所の人が110番通報し，被害親は子どもを連れて実家に避難しました。そのとき，子どもは1週間，学校や習い事に行けませんでした。被害親が自宅に戻った数ヵ月後，再び加害親が家で暴れ，家財を壊しました。身の危険を感じた被害親は110番通報し，子どもとともにシェルターに一時保護になりました。夜中に避難することになり，子どもはまた学校を休まざるを得ませんでした。

　この場合，子どもを連れ，避難を繰り返している被害親に責任があるのでしょうか。子どもの生活基盤が安定しない状態を生み出しているのは加害親の暴力であり，被害親は，自身と子どもを守るために適切な避難行動をとっていると考えられます。子どもの生活が安定しない，子どもが自宅で暮らせない，子どもが父親に会えない，子どもが学校に行けないといった状況を生み出しているのは加害親の行動の選択であること，加害親に責任があるということを，改めて認識することが重要です。

（7）支援機関の関わりを妨げ，子どもを守ることを難しくする

　DV加害者は被害親や子どもだけでなく，支援機関も操作しようとします。警察がDVの現場にかけつけたり，児童相談機関や福祉事務所などが家庭に介入したり，被害親や子どもを支援したりするとき，それを脅しや威嚇で妨げようとしたり，家族員が悪く思われるように情報を操作したりするのです。加害親にはこのような操作性がみられることを意識して，担当者のみならず機関として，操作性に対する備えをしっかりしておくことが必要です。その準備がないと，加害親に関わることを意識的・無意識に避けたり，加害親の意のままに行動したり，加害親のもたらす歪められた情報を信じたりすることが起こります。

　また，加害親はしばしば，被害親の行動を監視したり，被害親や子どもが

支援機関に関われないようにしたり，本当のことを話さない（話せない）よう強いたりします。結果として，被害親と子どもにとっては，家族について話したり，加害親の意に反して機関とつながることが危険に感じられ，相談すること，支援を受けること，受診すること，子どもが療育を受けることなどが難しくなります。

　他にも，支援機関の関わりを避けるため，加害親が家族の居所を変え，転居することにより，被害者親子が孤立していくこともあります。結果的に，支援機関が被害者親子に関わり，その安全を守ることが難しくなります。

　このように加害親の行動は，子どもの安全はもちろんのこと，成長や発達，生活に大きなダメージを与え，子どもが家庭で安定した養育を受ける機会を阻害します。Safe & Together モデルでは，「DV は加害者による子育ての不適切な選択」であると表現しています。そして，「DV は両親の間で起こるものとして相互化した表現で語ること」をやめて，「DV を DV 加害者による子育ての不適切な選択として語ること」への変革の必要性を主張しています（Mandel 2024）。DV ケースに対応する際には，加害者の行動に着目し，その行動の選択が子どもの生活や成長全般にどのような危害や影響を及ぼしているかを理解する視点が求められるのです。

DVケースにおける子どもの位置

　子どもがどのように DV に巻き込まれているかを見極めるため，DV 加害という子ども虐待の形を類型的に捉える方法を春原が提示しています（春原 2011）。これは，DV 加害者がパートナーに行う暴力や支配行動に子どもがどのように巻き込まれているのか，家族のなかで何が起きているのか，その複雑な関係と影響を捉えるものです（図 10-1 → P.172-173）。加害親を A，被害親を B，子どもを C とし図示しています。

　この類型を用いて子どもが経験している状況を理解することで，加害親，

図 10-1　DV ケースにおける子どもの位置 （春原 2011 を許可を得て改変のうえ掲載）

Ⓐ：加害親　Ⓑ：被害親　Ⓒ：子ども

❶ 面前 DV

加害親が被害親へ暴力・支配を行い，子どもはそれを知りながら生活している

【子どもの主なリスク】
心理的虐待

❷ 加害親から子どもへの直接的虐待

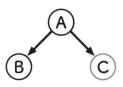

加害親が被害親だけでなく，子どもに対しても直接的な虐待を行う

【子どもの主なリスク】
身体的虐待，性的虐待，心理的虐待，ネグレクト

❸ 被害親から子どもへの虐待・不適切対応

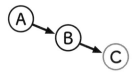

加害親が被害親への暴力・支配を行い，被害親がストレスを受け，より弱者である子どもへの虐待や不適切な対応がある

【子どもの主なリスク】
身体的虐待，心理的虐待，ネグレクト

❹ 加害親と被害親の子どもへの虐待の共謀，被害親が虐待を容認

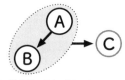

加害親が被害親へ暴力・支配を行い，その影響のもと，子どもには加害親と被害親がともに虐待を行う。また，加害親から子どもへの虐待を被害親が容認する

【子どもの主なリスク】
身体的虐待，性的虐待，心理的虐待，ネグレクト

❺ 被害親と子どもの関係を壊す

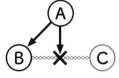

加害親が被害親へ暴力・支配を行うと，同時に被害親と子どもの関係を壊す

【子どもの主なリスク】
心理的虐待，ネグレクト

❻ 子どもの加害親への同一化・子どもから被害親への暴力

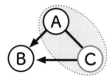

加害親が被害親へ暴力・支配を行い，子どもは強者としての加害親に同一化し，加害親と同じように被害親に暴力を振るう

【子どもの主なリスク】
心理的虐待

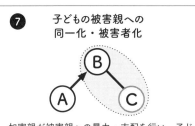

❼ 子どもの被害親への同一化・被害者化

加害親が被害親への暴力・支配を行い，子どもは弱者である被害親に同一化し，加害親からの暴力・支配への受容性が高まっていく
【子どもの主なリスク】
心理的虐待

被害親，子どもの関係性と，加害親の行動がどのような形で子どもに影響を及ぼしているかを整理して捉えることができます。実践において，DV事例のアセスメントやケースカンファレンスの際に子ども一人ひとりの状況をチェックすると，子どもの位置が可視化できます（第12章「DV・子ども虐待のアセスメント・カンファレンスシート」参照）。

筆者らは，加害親と同居中（Aステージ）の子どもがどのようにDVに巻き込まれているかを明らかにするため，別居後の被害者である母親27名に対し，この類型を用いて子どもの状況を聞き取る調査を実施しました（岩本・増井2020）。きょうだいがいる場合，子ども一人ひとりの状況について尋ねたことから，子ども56名の状況についての回答を得ました（図10-2→P.174）。また，どのようなことがあったかについてエピソードを聞き取りました。

その結果，類型に該当する状況が明確にあったとの回答は，①面前DV（96％），②加害親から子どもへの直接的虐待（73％），⑤被害親と子どもの関係を壊す（61％）の順で多くみられました。また，1つではなく，複数の類型に該当する状況が明確にあったとの回答がほとんどでした。子どもは多様な形で加害者のDVに巻き込まれているといえます。

被害親へのインタビュー調査で語られた具体的エピソードを表10-1（P.175-

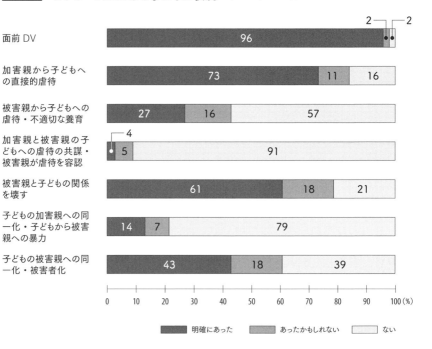

図 10-2 DVケースにおける子どもの状況　(n = 56, 2019年)

176)に示します。

　子どもが複数いる場合，一人ひとりにチェックするときょうだいはみな同じ類型ではなく，子どもそれぞれが異なる類型に該当することが通常でした。またケースカンファレンスでも，きょうだいがいる場合，一人ひとりがどの類型に当てはまるかをアセスメントしていくと，それぞれ該当する状況や該当数が明らかに異なっていました。

　これには，加害親による子どもに対する扱いの違いが反映されています。贔屓される・可愛いがられる子ども，暴力や攻撃のターゲットになる子どもとならない子どもがいます。それにより，子どもの受ける影響も違ってきますし，母子関係だけでなくきょうだい関係も壊されていくことになります。加害者と同居中（Aステージ）に加害者が行った子どもへの差別的扱いが，加害者と別居後（CステージやDステージ）において，きょうだい間の不和や葛藤，

表10-1 被害親へのインタビュー調査で語られたエピソード

面前DV	・子どもを抱えていたときに首を絞められた ・一緒にリビングにいるときに「なんでこんなこともできないのか」「おまえはアホや」「常識がない」と否定する言葉を頻繁に言う ・私が殴られて，肋骨が折れたのを子どもが見ていた ・「やめて」と言って子どもが泣きながら入ってきた ・子どものいるところで相手が自分自身に包丁を向けた ・私が玄関で突き飛ばされて，子どもは私のカバンを拾っていた
加害親から子どもへの直接的虐待	・子どもの言動に急に怒り出し，暴力を振るう ・私への暴力を息子が怒ったら，息子をボコボコにした ・女の子だけ異常に触る。「父と娘の関係は特別だからこれぐらいさせろ」と言う ・子どもがぽっちゃりしていたので痩せるように食事をとらせない ・子どもをすごくきつく叱って，1時間ぐらい座らせて説教をしたり，携帯を取り上げる ・子どもを長時間正座させる
被害親から子どもへの虐待・不適切な養育	・夫が帰ってくるまでにお風呂を済ませてご飯を用意しないと機嫌が悪くなるので，まだ遊びたいという子どもを無理やり連れ帰ったりした ・「俺の言う通りにしろ」「子どもは殴って育てろ」と言われ，子どもが言うことを聞かなかったら自分が叩いていた ・「あいつはダメだから厳しくしろ」と言われて，私が子どもに強く言っていた ・夫から「帰る」とメールがあると，子どもに「片づけなさい」「パパに怒られるやんか」ときつく言っていた。小さい子に言っても仕方ないのに，そのときはそれしかできなかった
加害親と被害親の子どもへの虐待の共謀・被害親が虐待を容認	・私が止めに入ると相手が怒る。やらせるところまでやらせないと息子がひどい目にあうし，でも放っておくと本当に殺されそうなとこまでやられてしまうので，すごく音を聞いて，どのタイミングで入って，もういいでしょうという形にするかということにすごく心を砕いていた ・一緒になってしていたことはあると思う
被害親と子どもの関係を壊す	・子どもが私と一緒に寝たいと言っているのに寝させない。無理やり子ども部屋に行かせる ・「こんなお母さんいらないよね，だから俺についてこい」と言う。子どもは「エッ」となっていた ・「おまえらが悪いからお母さんがこうなる，だからお父さんはお母さんを殴るんだ」とか，「お母さんをかばうんだからおまえも同じ目にあわす」という感じだった ・「こんなお母さんでかわいそう」と子どもによく言っていた ・子どもの世話をできなくされるのは頻繁だった。子どもの洋服を持とうとすることさえ，「やってはいけない」とさせてもらえない ・「お母さんは低レベルの人間やから，質が悪いから，お父さんが今我慢して放置しているんや」と言っていた ・私が出かけるときに「ママは子どもたちを捨てて出かけていくよ」と言われていた ・子どもの前で，「なんでこんなことできないの」とか，「おまえはアホや」とか，「常識がない」とか否定することをいつも言われていた

子どもの加害親 への同一化・ 子どもから被害 親への暴力	・子どもが相手の行動をそのまま繰り返す感じ。相手の物を投げて私を殴ったり，包丁を振り回してきたり ・夫は上の子だけを優遇というか取り込んでいて，子どもは私を召使いみたいにして当然という感覚になっていた。私への当たりが強くなって
子どもの被害親 への同一化・ 被害者化	・相手は話し合ってわかる人ではなく結局手が出るので。話し合いを終わらせるために子どもが立ち会うと言い出した ・目の前で話すと不機嫌になるので，相手にバレないように子どもと話したり，子どもも父親がいないときだけ話すようになった ・子どももずっと顔色を窺って怒らせないようにするのが普通になった

　ときに子どもの一人からきょうだいへの暴力を生み出している実態も，DV
ケースにおける子どもの位置を理解することによりみえてきます。加害親の
子どもへの差別的扱いは，子どもの深い傷となり，また被害親の子育てを困
難にしていくのです。まず重要なことはきょうだいをひとくくりにせず，子
ども一人ひとりの状況を個別に理解し，そこからサポートを考えることです。

第11章
被害親の
ストレングスを理解する

被害親による子どものための努力≥取り組み

「生きるので精いっぱいで，仕事こなしてご飯を作って買い物をして現実逃避するために，寝る前に本を読むのだけが楽しみで，子どもと布団の中で，豪華客船で世界旅行みたいな話をして」

「子どもたちにはしっかりご飯を食べさせないといけないというのと，私が母子家庭で育ったせいもあるかもしれないですけど，家が暗いのが嫌なので，まあ本当にそういった中でもつらいから笑顔を出すというかね，お母さんは大丈夫だよっていうのを子どもに発信したいというのをすごくそれを心がけて」（増井 2019）

多くの DV 被害者である親は，DV 加害者であるパートナーからの強圧的コントロールにさらされながら，子どもの安全や成長のため，子どもの日常生活を維持するためにたくさんのことをしています。しかし，加害親の暴力や支配の結果であるにもかかわらず，被害親ができていないところに目が向けられ，また，加害親と離別しないことから子どもを守れていないと考える「守ることの失敗」アプローチが主流となってしまっている現状があります。

米国子ども庁マニュアルには，以下のように書かれています。

多くの被害親は，みずから虐待を受けているにもかかわらず，効果的に

子育てを続け，しつけや子育てに一貫性をもち，安定と愛情を子どもに与え，子どもの情緒的・発達的ニーズを満たしていることが多いことが繰り返し研究で実証されている。このことは，ケースワーカーが，子どもの安全と福祉（ウェルビーイング）という目標を達成しようとするとき，大人の被害者（サバイバー）という潜在的なパートナーがいるということを意味する。

　これは，被害親のストレングス（強み）を理解する必要性，支援機関は被害親と協力関係を結べること，その働きかけの有効性を示しています。このように認識されている背景には，2000年代以降，DV被害者・サバイバーである被害親のストレングスが繰り返し確かめられてきたことがあります。Safe & Together Institute のレポートにはそれらの研究結果がまとめられています。そこでは，被害親には，DVにさらされていない母親と同等もしくはそれ以上に，子育てに関するストレングスがみられることが言及され，以下のようにまとめられています（Safe & Together Institute 2017）。

- DVが母親と子どもに与える悪影響に関する研究は，「守ることの失敗」アプローチを正当化するために利用されてきた。
- DV被害者の多くは，子どもの安全を促進するために積極的な取り組みをするよい親であることを示唆する証拠がある。
- 複数の研究で，DV被害者の母親は，虐待を受けていない母親と同等かそれ以上に親として機能していることがわかっている。
- 大人の被害者への暴力のストレスや悪影響が大きいからといって，子育てがうまくいかないとは限らない。
- 多くのDV被害者は，ひどい暴力を経験している人であっても，うつ病や不安症を経験していない。
- 多くのDV被害者は，薬物を使用したり，泥酔するほどアルコールを乱用したりしていない。
- 加害者が作り出した困難や障壁にもかかわらず，多くのDV被害者は，医療，雇用，住居など，子どもの福祉（ウェルビーイング）と安全を促進す

るためにさまざまなことに取り組んでいる。

● 母親の温かみや「母親の回復力」は，加害者の行動にさらされる子どもにとって，重要な保護的役割を果たす可能性がある。

● 周縁化されたコミュニティに属する女性に関し，より広範・包括的に子育てのストレングスをみるという視点をもつことで，支援者は多くのものを得ることができる。

また，バンクロフトは，女性も子どもも決して受動的なだけの被害者ではないことを以下のように説明しています（Bancroft 2004）。

　母親はさまざまな方法で虐待する男性に立ち向かい，その恐ろしさや卑劣さから子どもを守ろうとする。子どもは反抗的になったり，きょうだいに気を配ったり，大好きな活動に打ち込んだりして，家庭での生活のつらい面を忘れようとする。母親と子どものなかには，虐待をする男性が互いを引き離そうとしても，素晴らしい誠実さと勇気をもって，お互いの味方でいる人たちもいる。

さらに，カッツは，DV 被害者である母親と子どもの調査から，① 強圧的コントロールの標的とされる母親の多くは，子どもたちをできるだけ安全・健康で幸せに保つためにできることをしようとしており，ほとんどの子どもにとって，母親との関係が大きな支えとなっていること，② 母親と子どもは父親の強圧的コントロール体制のなかで，自律と自己実現の経験をある程度含む形で現実的に日常生活を維持していること，③ 父親の意に反して一緒に過ごすことで，子どもと母親は互いに精神的な支えになり，互いの孤立を減らし，母子関係の親密さを維持し，父親の強圧的コントロール体制に抵抗していることなど，大人と子どもの被害者が加害者に抵抗している姿やつながりを明らかにしています（Katz 2022）。

被害親による子育ての実態の分析から

　被害親が暴力や支配のなかでも子どもを守ろうとし，子どもの日常を維持するためにさまざまな努力や取り組みをしていること，つまりストレングスを有していることは，日本の調査でも見出されています。DV被害者である母親へのインタビュー調査から，加害者と同居中（Aステージ）の被害親は，親機能が奪われ，加害親の暴力と支配により子育てを遂行することに多くの困難を経験する一方で，それに甘んじるだけでなく，子どもを守り成長や発達を支えるために多くのことを行っている姿がみえてきました（図11-1）。

　調査の分析から，［精一杯守ろうと抗う］［遠ざける］［間隙をぬう］［生活維持に努める］［真の思いを語り，メッセージを送る］［強い意思をもってこれだけは譲らない］という被害親の子育ての姿が見出されています。被害親の語りとともに以下に紹介します（増井・岩本2022をもとに作成）。

［精一杯守ろうと抗う］
加害親からの子どもへの暴力や影響を減らすために，さまざまな形で抵抗する

　「ひどいことを言うから，私が間に入って，子どもに注意をしているふりをして，タイミングをみてその場から逃す」「（夫が子どもの食事を抜くので）隠れてサンドイッチを作ってポケットに入れて持たせて」「子どもに矛先が向かないようにしていた」

［遠ざける］
子どもへの影響を減らすため，子どもを加害親や家庭から遠ざける

　「なるべく子どもが夫と関わる時間を減らすようにしていた。習い事とか塾に行かせたり，友だちと遊びに行かせたり。子どもと夫を離すように」

図11-1 DV被害のなかで子どもを育てる被害親の経験 (増井・岩本 2022を一部改変)

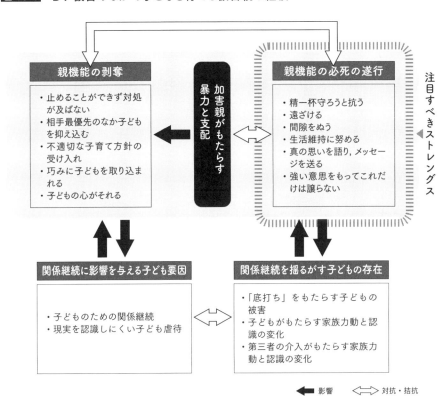

[間隙をぬう]
子どもと過ごす時間を確保したり，加害者の隙をみつけ子どもに能動的に働きかけ，関係をつないでいく
「寝る前に絵本を読んであげると決めていた」「相手が夜勤のときに，一緒にお菓子を作ったりしていた」「夫がいないときに話をしていた」

[生活維持に努める]
子どもができるだけ普通に日常生活を送れるよう力を尽くす
「極力普通の生活を維持するようにしていた。朝昼晩ちゃんとご飯が出て

くるとか，服を洗濯するとか。当たり前の生活を，ちゃんと落ち着いてできるようにしてあげたいというのはすごく思っていた」「子どもの前では『大丈夫だよ』と，悩みを見せないようにしていた」

［真の思いを語り，メッセージを送る］
子どもに語り，話をする。暴力の影響を抑えることができない現実のなかでしばしば行われている
「子どもたちには，（あなたのことが）すごく大事なんだよということを伝えるようにしていた」「つらい思いをさせてごめんと，子どもに謝った」

［強い意思をもってこれだけは譲らない］
子育てや生活のほぼすべての場面で加害親に従わざるを得ないなかでも，子どもの望みを叶えることを貫いたり，みずからの子育て方針を実行する
「部活にしても何にしても，子どもに押しつけてくるのを守るという感じ」

　このように日本での調査からも，被害親が子どもの安全を高めようとし，子どもの衣食住や日常生活を維持し，また子どもと情緒的につながろうとする姿が明確にみえてきました。
　なかには，「夫が子どもをボコボコにしようとするので，私が先に強く叱った」「『ご飯を抜け』と言うのでその場では従って，後でおにぎりをもっていく」など，一般的には適切にみえないものもあります。しかし，加害親の行動がそもそも子どもに危害を与えていること，そうした危害や影響に対して，被害親は子どもを守るための最も効果的でより安全な方法を，状況に応じて選択しようとしていることの理解も求められます。
　さらに，「子どもがクラブだけは続けたいと言うので，やらせてあげたかった」「やっと学校に行き出したので，何とか今の生活を続けさせたい」など，子どもにとっての最善を親として考え，自分の安全と引き換えに加害者との生活を続ける姿は，見方を変えれば，子どもの福祉と成長を支える取り組みともいえます。

ストレングスに着目することがなぜ重要か

オレゴン州ガイドには，以下のように書かれています。

　身体的・感情的あるいは性的暴力を受けている被害親が，それでもなお子どものために少しでも日常生活を維持している場合，その親のもつストレングスとして記録され，子どもの安全を高めるためにパートナーシップの基礎とすべきである。

　児童相談機関のみならずさまざまな分野の支援者は，被害親に対して子育てが十分でない，もしくは被害親が加害親から子どもを守れていないと考えがちです。

　筆者が参加したあるDVと子ども虐待のケースカンファレンスでは，5歳の子どもがいる家族のケースが取り上げられました。そこでは，「父親は育児に関心がなく，おむつを替えたこともない。賭け事でお金を使い，家賃が払えなくなる。夜中に飲酒し，母親に暴力を振るったり，夜中暴れて大声を出して子どもを起こしている」という報告がなされた後，母親について，「面接の約束が守れない，保育所の登園が遅いなどルーズでどうしようもない，お金がない，パートを辞められないからと避難しようともせず問題がある，子どもを守れていない」と事例の概要が説明されました。

　しかし，この母親は，本当にルーズでどうしようもない親なのでしょうか。父親について質問してみましたが，父親には誰も関わっていませんでした。そして，父親の不適切な行動を知っているにもかかわらず，それが親として問題であると指摘する人は誰もいませんでした。

　被害親のストレングスという「メガネ」を通してみたとき，5歳の子どもが標準体重程度の成長をし，保育所に通っている事実は，母親が困難のなかで，子どもの日常を維持するさまざまな努力と取り組みをしていることを示しています。母親のそうした態度は，子どもの安全と福祉を高めることを目

指す機関の目的と合致します。支援者が被害親のストレングスに着目し，その努力や取り組みを認めることは，被害親との間に子どものための協力関係を築く基盤となります。さらに，支援者や支援チームの閉塞感を打破し，よりよい支援を考えることにもつながります。

　本章の最後に，DV被害者が子どもを守るために行っている努力や取り組みの例を一覧にして示します。Oregon Department of Human Services(2016)，Safe Start Project Multnomah County（2015），増井・岩本（2022）をもとに作成したものです。

- **子どもの日常生活の維持**：加害者の行動によって引き起こされた混乱のなかで子どもたちのために一定の日常生活を維持する／子どもの基本的なニーズが満たされるように保障しようとする／子どもを学校に通わせ，学校活動に参加させる／平静をよそおう／生活のためにとにかく働く／生活費を工面する
- **子どもの成長の保障**：発達段階に応じた遊びや学習の機会を提供する／子どもたちに愛情，注意，安心感を与える／子どもの自立を促し，自分で考えることを教える／子どもらしくいられる時間を作る
- **子どもの課題への対処**：子どもの荒れに対処する／子どもの発達や行動の相談をする
- **暴力場面から遠ざける**：加害者の強圧的な行動を自分自身に向け，子どもから遠ざける／暴力行為の現場から子どもを遠ざけようとする／子どもたちが寝静まるか家を出るまで，加害者の暴力を抑えようとする
- **加害者から遠ざける**：加害者のそばに子どもたちがいないように，こまめに親戚やベビーシッターに預けて外出させる／子どもを忙しくさせるためにさまざまな活動に参加させる
- **要求に応じる**：子どもを守るために加害者の要求に応じる／被害者が自分自身を守るために抵抗する際，加害者が見せる極端な反応に子どもたちがさらされることを減らすために，加害者に非常に協力的で従順になる（暴力を我慢する　など）／加害者をなだめたり気をそらすために，加害

者と望まないセックスをする

- **子どもへの暴力に対する介入もしくは苦肉の対応**：加害者が子どもに危害を加えたり脅したりしているときに，物理的または言葉で介入する／加害者が子どもを虐待しているときに何も言わない。そうするのは，自分が子どもをかばうと，加害者が報復として子どもをもっとひどく傷つけることを知っているか，恐れているため／タイミングをはかる（子どもの危害が最も少ないと思われるタイミングで止めに入る など）／自分がよいと思うより厳しくても，加害者がするよりも軽い方法で子どもに罰を与える（加害者が子どもを強く叩く前にすばやく子どもを叩く など）／子どもが加害者の機嫌を損ねないよう厳しい態度をとる

- **子どもをかばう**：子どもを守るために加害者に嘘をつく（虐待につながりそうな子どもの失敗をかばう など）／子どもから目をそらすために加害者を怒らせる（子どもの罰を代わりに受ける など）／止めに入り自分に鉾先が向くようにする

- **助けを求める，もしくは求めない**：警察を呼ぶ／警察を呼ばない／機関に相談する，助けを求める／加害者の報復を防ぐために，児童保護機関に対して虐待を否定する／友人や親戚に，加害者にプレッシャーを与えるように頼む

- **離れる，もしくは離れない**：加害者のもとを一定期間離れる／離れた後，加害者のもとに戻る／加害者から去ろうとしない

- **加害者に働きかける**：加害者に飲酒をやめさせようとする／加害者を受診させようとする／暴力をやめてほしいと頼む・話をしようとする

- **子どもと安全計画を立てる**：逃げたり隠れたりする場所を計画する／合言葉を作る／緊急用携帯電話を隠す／110番通報のかけ方を教える

- **子育て方針をつらぬく**：子どもの望みをかなえようとする／譲れない子育ての方針をつらぬこうとする（叩かない など）

- **親権等**：別居後の単独親権を求める／（国または加害者に）子どもの親権を譲る／別居後に面会交流を拒む・加害者の監視つき面会交流を要求する

- **子どもと話す**：子どもたちが目撃した暴力について，話してもよいとい

う雰囲気にし，建設的で癒しにつながる話し合いをする／子どもに語る（大事だと伝える・本当は暴力はいけないことだと伝える など）／子どもに謝る

● **子どもの心と関係を支える**：子どもに，他人の行動を自分の責任だと思わないように教える／加害者の隙をみて子どもとの時間をもつ／子どもにカウンセリングを受けさせる／セルフケアを実践し，自尊心を保とうとし，子どもにモデルとして示す

Point of View ⑩
児童福祉機関とDV被害者支援機関の連携を超えた相互支援

　DVと子ども虐待は，同じ家庭内で起こっており，両者に対応するDV被害者／女性相談支援機関と児童福祉／子ども家庭機関の連携の重要性が指摘されています。しかし，それぞれの機関の立ち位置や権限，役割の違いなどから，多くの地域で連携がうまくいっていない現状を耳にします。

　互いに協力することは，子どもと被害親が安全で安定した生活を送る可能性を高めます。そればかりか，DV被害者支援の専門家は児童福祉の専門家を助け，児童福祉機関の専門家はDV被害者支援の専門家を助けることができます。米国子ども庁はこの視点をもとに，その具体例を次頁のように提示しています。

　それぞれの専門性と強みを活かすことは，被害者と子どもを助けるだけでなく，互いの専門家とその実践を助ける，つまり連携を超えた相互支援と協働が可能になるという視点は，これからの日本での実践に力をくれます。

DV被害者支援の専門家は 児童福祉の専門家を どのように支援できるか？	児童福祉の専門家は DV被害者支援の専門家を どのように支援できるか？
◆ **家族を支援し，子ども虐待とネグレクトを防止できる** ・危機のときに被害親を助けることができる ・サポーティブな大人として存在し子どもの回復を助ける ・被害親と子どもの相互作用を促進するトレーニングを提供したり，モデルとなることができる ・家族に追加の支援を紹介し，子どもの分離保護の必要性を低めることができる ◆ **親子の安全と回復力を高めることができる** ・児童の専門家に被害親との有効な関わり方を助言できる＝被害親の安全をもたらすことは子どもの安全につながる ・家族を支援につなげる際には，意思決定プロセスに親と子どもを参加させ，DV支援と児童福祉の専門家が協力し，家族のリスクを最小限に，加害親の責任を問う安全計画を策定する ◆ **児童福祉の専門家がDVを識別しアセスメントするためのリソースを提供できる** ・DVに対応するためのトレーニングと技術支援を提供できる ・リスクアセスメントに必要な情報を提供することができる ・被害親のストレングスや子どものための取り組みを理解し，伝えることができる ・子ども虐待が明確でない場合も，DVの支援は子どもと親の安全と福祉，回復を高めることができる ◆ **加害者についての助言ができる** ・加害者への対応の判断を助けることができる ・ファミリーバイオレンスの責任を非加害親ではなく，加害親に負わせることに重点を置くことを導くことができる	◆ **DVのスクリーニングを普遍的に実施できる** ・初期にDVをスクリーニングし，被害親をDVサービスに紹介することができる。それにより家族内で起きている暴力の理解と具体的サービスに被害親と子どもをつなぐことができる ◆ **法的要件を含む，子ども虐待に関する専門知識を提供できる** ・子ども虐待とネグレクトの兆候や症状の理解についての助言ができる ・通告や報告の際の手順についての助言，被害親に当事者として関与させる方法を模索することについて相談できる ◆ **DVにさらされている子どもを擁護できる** ・さまざまな発達段階における虐待の影響や子どものトラウマの理解について助言ができる ・子どもが法廷で証言しないといけないときなどに子どもの権利を擁護する ◆ **予防を通じて子どもを守ることを強化する** ・親子に家族の保護要因（社会的つながりや親子の養育やアタッチメントの強化など）を強めるトレーニングや技術の支援を提供できる ◆ **家族がサービスや支援を受けられるように，機関を越えた協力体制をつくることができる** ・子どものニーズに対応する支援や機関を多く知っている。子どもと家族が支援を受けられるように，多様な視点からいろいろな機関を巻き込むことができる ◆ **DVサービスの支援者と情報を共有できる** ・守秘義務に従いながら，子どもと被害親に影響を与える恐れがある有用な情報を提供できる。とくに，子どもや親にストレスを与えるような変化があった場合，DV被害者支援機関の支援者に注意を喚起する

Child Welfare Information Gateway (2020) をもとに筆者作成

パートⅡ　子ども虐待とDVの交差に介入する

第12章
DVと子ども虐待の交差を可視化する

　筆者はDVと子ども虐待が交差する事例のケースカンファレンスに出席することが多くありますが，どのケースも複雑です。そのため，まずはケースを整理して，見える化し，共通理解を得ることから始めます。この章では，その際に使用するシートとフォームを紹介します。現在関わっているケースや，これまで関わったケースを思い浮かべて記載してみてください。また，ケースカンファレンスのように使ってください。ケースの理解を深め，支援プランを検討し，連携や協働を行う「引き出し」として役立つはずです。

> ※ 本章で紹介する「DV・子ども虐待のアセスメント・カンファレンスシート」と，「DVと児童虐待の交差：加害者パターン理解のための5つの構成要素記述フォーム」は，日本評論社のウェブサイト（https://www.nippyo.co.jp/shop/book/9407.html）からダウンロードできます。ぜひ実践現場で活用してください。

DV・子ども虐待のアセスメント・カンファレンスシート

　「DV・子ども虐待のアセスメント・カンファレンスシート」（図12-1→P.192-193）は，DVを経験している，もしくは過去に経験した親子の状況を包括的につかむために作成したものです。ここまで本書で説明してきた内容を個別のケースに落とし込み，客観的・実践的に考えることができます。以下，7つのパートごとに説明していきます。

［ワークシート①］ ジェノグラム（Point of View ⑨ 参照）

1つ目のパートではジェノグラムを作成し、それに現在の暴力を実線の矢印で、過去にみられた暴力を点線の矢印で加筆します。そうすると、現在の被害・加害の流れや家族を取り巻く暴力、また、家族における虐待の歴史や連鎖を可視化することができます。

［ワークシート②］ 暴力と強圧的コントロールの種類（第1・2章 参照）

加害者が被害者に行っている暴力や強圧的コントロールをチェックします。暴力の種類を例示していますが、その他のエピソードがみられる場合は空欄に記載することもできます。強圧的コントロールは代表的なもののみあげていますが、これらに複数のチェックがつく場合は、加害者がどの程度の強圧的コントロールを行っているかの指標になります。

［ワークシート③］ DVの中の子どもの位置（第10章 参照）

DVケースにおける子どもの位置を、子ども一人ひとりについてチェックします。そうすると、子どもの受ける被害、きょうだいに対する加害親の扱いの違いや、それぞれの子どもが受ける影響の違いがみえてきます。また、加害親と別居している場合や高年齢児の場合は、過去の状況を想定し、過去と現在を記載します。そうすることで、加害親の行動が時間を超えて、現在にどのような困難をもたらしているのかを可視化できます。きょうだいが3人以上の場合は、複写して使用します。

［ワークシート④］ DV 被害者支援のためのステージモデル（第3章 参照）

ステージモデルに基づき、現在のステージを特定し、記載します。ステージは明確にわからないこともありますが、どうだろうかと考えることが大切です。また、これまでたどってきたプロセスも記載します。そうすると、現在は過去からの一連の流れのなかで存在していることがより意識化できます。加えて、面接の際に、「どのように出会い、同居したり、結婚したりしましたか。いつから暴力が始まりましたか」「一時的に別れたり、避難をしたことがあ

りますか。そのときの状況を教えてください」「別れたいと思ったのはいつですか。何がきっかけですか」，離別している場合は「いつ別居しましたか。そのときの状況を教えてください」など，ステージが変化したときの状況を問う質問をすると，被害者の経験の理解が深まるとともに，エピソードが語られるので，加害者の行動やそのパターンの理解にもつながります。

[ワークシート⑤] 子ども虐待とDVの2軸からの介入検討モデル（第9章参照）

　介入や支援を考えるにあたり，現在の位置を子ども虐待対応とDV被害者支援の2つの視点から特定します。過去の各時点の状況をマーキングすることで，これまでの動きや変化を可視化することもできます。

[ワークシート⑥] 親と子のストレングス・強み（第11章参照）

　親や子どものストレングスに着目します。親のストレングスでは，子どものための取り組みや努力，生き抜いてきた力や，社会資源とのつながりなども広く記載します。子どものストレングスとしては，得意なこと，好きなこと，親への思い，成長を支えているものや保護要因などを広く記載します。

[ワークシート⑦] 支援・介入プラン

　支援・介入の方法を具体的にプランニングします。① 親（被害親・加害親），② 子ども一人ひとり，③ 親子関係に対し何ができるか，3層に分けて検討します。機関によって関わるメインの対象は異なります。DV被害者／女性相談支援機関であればメインは被害親になるでしょう。児童相談機関であれば，すべてに関わることが可能です。1つの機関や支援者でできることは限られますので，他機関との連携や職員間の役割分担を行います。母子生活支援施設であれば母親と子ども一人ひとりにどのような支援をするか，誰が担当するか検討します。誰がいつ行うかの役割分担の検討により，実行性が高まります。

　また，長期目標（目指す姿や方向性など）を確認し，短期目標（すぐすること・まずできそうなこと）と中期目標（少し先にすること・準備をすればできそうなこと）を

決めます。このシートを多くのケースカンファレンスや事例検討に用いてきましたが，すぐすること・まずできそうなこと（短期）を見出し，実践につなげることができると感じています。

加害者パターン理解のための 5つの構成要素記述フォーム

Safe & Together モデルでは，重要な構成要素として① 加害者の強圧的コントロールのパターン，② 加害者がとった子どもに有害な行動，③ 子どもの安全と福祉を促進するための非加害親の取り組みの全容，④ 加害者の行動が子どもに与える影響，⑤ アルコール・薬物乱用，メンタルヘルス，文化，その他社会経済的要因の影響の 5 つを提示していました（第9章参照）。この 5 つの構成要素に着目し，記録することで，加害者のパターンを可視化することができます。それにより，家族内の支配 – 被支配構造のアセスメントができ，子どものいる DV ケースの支援・介入を検討する基盤となります。

Safe & Together Institute は，電子版「加害者（の行動）パターン・マッピングツール」を公開したり，実践者向けの 4 日間の CORE トレーニング（いずれも有料）を実施したりしています。そこでは，より詳細なマッピングシートとその説明がなされています。以下では，Safe & Together モデルを取り入れたオレゴン州ガイドをもとに作成した簡易なフォームとして，「DV と児童虐待の交差：加害者パターン理解のための 5 つの構成要素記述フォーム」（図 12-2 → P.194）を紹介します。

なお，実践現場では，父母双方に加害・被害があるようにみられていたり，警察の関与のなかで「自分こそが被害者である」といずれかが主張したりするケースに出会うこともあります。このように「どちらも被害者であり加害者」とみえる場合には，それぞれの視点で 2 枚のフォームを作成します。そうすると，どちらがより支配的な立場にあるか，もしくは状況的暴力の様相が強いか否かが明確になります。

図12-1 DV・子ども虐待のアセスメント・カンファレンスシート

DV・子ども虐待の アセスメント・ カンファレンスシート

氏名（年齢・学年）

記載日
記載者

ワークシート❶

ジェノグラム

現在の暴力 ──────▶
過去にみられた暴力 - - - -▶

ワークシート❷

暴力と強圧的コントロールの種類

身体的暴力
からだへの暴力
□殴る
□蹴る
□首を絞める
□突き飛ばす
□押し倒す
□腕をつかむ・引っ張る

精神的暴力
こころへの暴力
□どなる
□脅す
□ばかにする
□無視する
□物を投げる・物を壊す
□刃物を出す
□自殺を仄めかす

経済的暴力
生活費やお金に関する暴力
□生活費を渡さない
□自由にお金を使わせない
□外で働くことを嫌がる
□家計の責任をあなた一人に負わせる
□借金の強要
□誰のおかげで生活ができているという・浪費する

→被害者が受けている暴力と支配をチェックしましょう。

社会的暴力
人や社会とのつながりへの暴力
□友人や身内との付き合いを制限する・仲良くすることを嫌がる
□自由に外出させない
□スマホをチェックする
□行動をチェックする
□浮気を疑う・激しい嫉妬

性的暴力
性に関する暴力
□望まないSEXや行為を強要する
□身体や性に関してひどく傷つけることを言う
□避妊をしない
□裸の写真を撮る
□SNSで流す（と脅す）

子どもを利用した暴力
□子どもの前で暴力をふるう
□子どもに危害を加える
□子どもを取り上げようとする
□子育ての責任をあなた一人に負わせる
□子どもの前で非難する
□子どもとあなたが仲良くするのを嫌う

強圧的コントロール：脅迫・監視・貶め・生活のコントロールや制限（睡眠・食事，外出・移動 など）・孤立・経済的コントロール など

ワークシート❸

DVの中の子どもの位置（　　）

きょうだいがいる場合，子どもごとに記入します。

DVの中の子どもの位置（　　）

過去と現在を記入し変化をみることもできます。

ワークシート❹
DV被害者支援のためのステージモデル

物理的ステージ	心理的ステージ	【Ⅰステージ】離別の意思なし,もしくは迷いあり	【Ⅱステージ】離別の意思あり
【Dステージ】加害者と別居		—	D
【Cステージ】加害者と別居（当初）		CⅠ	CⅡ
【Bステージ】一時避難中		BⅠ	BⅡ
【Aステージ】加害者と同居		AⅠ	AⅡ

→ 被害親の今のステージや辿ってきたステージを考えましょう。

ワークシート❺
子ども虐待とDVの2軸からの介入検討モデル

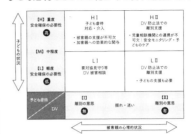

→ 子の安全確保の必要性と親の心理的状況を検討しましょう。

ワークシート❻-1
親のストレングス・強み

→ 強みの情報を探しましょう。できている事,好きな事,できていた事,得意な事,他者や支援との関係など広く見つけることができます。

ワークシート❻-2
子のストレングス・強み

→ 強みの情報を探しましょう。できている事,好きな事,できていた事,得意な事,他者や支援との関係など広く見つけることができます。

ワークシート❼
支援・介入プラン

→ どこ（誰）に，どこから，どのように介入しますか。優先すべきこと，今できることは何でしょう。連携先との協働や分担も考えることができます。父親と母親の計画は別々であることが必要です。

短期
（すぐすること・まずできそうなこと）

中期
（少し先にすること・準備をすればできそうなこと）

長期
（目指す姿や方向性など）

パートⅡ　子ども虐待とＤＶの交差に介入する

図 12-2　DVと児童虐待の交差：
加害者パターン理解のための5つの構成要素記述フォーム

（Oregon Department of Human Services 2016 をもとに筆者作成）

ケース基本情報（氏名・年齢等）　　　　　　　　記載日

1）加害親の強圧的コントロールのパターンを説明してください。

2）加害親がとった子どもに有害な行動について説明してください。

3）子どもの安全と福祉を促進するために被害親が行った努力について広く説明してください。

加害親の行動が被害者の保護能力に及ぼしている否定的な影響を説明してください。

4）加害親の行動が子どもに与える否定的な影響を説明してください。

5）子どもの安全と福祉に，以下がどのような影響を及ぼしているかを説明してください。

依存（アルコール・薬物）・メンタルヘルス：

文化（親族等も含む）：

社会経済：

その他（障がい等）：

以下で5つの構成要素について説明します。オレゴン州ガイドでは，各要素について具体的にどのような点に着目するかを例示しているため，併せて紹介します（Oregon Department of Human Services 2016）。

（1）加害親の強圧的コントロールのパターン（第2章参照）

1点目に，加害者が行う「強圧的コントロールのパターン」を記載します。この項目は，虐待や強圧的な支配行動を選択する人なくしてDVは存在しないという理解に基づき，加害者の行動に着目している点に特徴があります。また「パターン」としているのは，DVを身体的な危害や単回の暴力エピソードとしてではなく，現在と過去の関係に基づくものと理解すること，被害者の権利の剥奪，おとしいれ，家族機能に対する影響など包括的に支配の本質を理解することが重要であるという考えからです（Mandel 2024）。

◎「強圧的コントロールのパターン」例（オレゴン州ガイド）
- 経済的な支配または制限
- 家族や知人からの孤立
- 精神的侮辱，傷つけ
- 性的な強要
- 虐待的な性行為
- 仕事や教育の妨害
- 医療やメンタルヘルスなどの支援機関へのアクセスの妨害
- 脅しや威嚇
- 暴力（力を使って物を壊す，ペットを傷つける，人を傷つけることも含む）

（2）加害親がとった子どもに有害な行動

ここでも加害者の行動に着目し，子どもに危害を与える行動を明確にします。DVが背景にある子ども虐待通告に対応する際，子どもが加害者から直接的な虐待を受けていないか，加害親から被害親への暴力に子どもが巻き込まれ身体的被害を受けていないかについては，すでに着目していると思いま

す。しかし，それ以外の心身への危害や，日常生活に悪影響を及ぼす行動なども含め，広範囲に検討する必要があります。

（1）と（2）は区別せず，同じ欄に記載することもできます。被害親，子ども，家族の日常生活にとって有害な加害親の具体的な言動をリストアップして記載します。

◎「**子どもにとって有害な加害者の行動**」**例**（オレゴン州ガイド）

- 被害親を独占し，子どもの世話やニーズに対応できないようにする
- 子どもの健全な発達を妨げる
- 子どもの情緒的な欲求を無視する
- 子どもの基本的なニーズを満たさない
- 子どもを恐怖や，圧倒されるような状況にさらす
- 日常の家庭生活を阻害するような緊張した雰囲気を作り出す
- 子どもの日常生活を乱す
- 怒鳴り声やその他の虐待で子どもを遅くまで寝かさない，または起こしてしまう
- 子どもと親族（拡大家族）との接触を妨げる
- コミュニティや友人から子どもを孤立させる
- 警察や救急による緊急対応に子どもをさらす
- 被害親に対する暴力の結果として，意図せず子どもに身体的危害を与える

（3）子どもの安全と福祉を促進するために被害親が行った取り組みの全容

続いて，被害親のストレングス，子どものための取り組みや努力に着目します。シェルターに避難したとか，離別を決めたなど狭い視点で評価するのではなく，被害親は，抵抗する・戦略を立てる・計画を立てる・回避する・嘘をつく・なだめるなど，子どものためにあらゆることをしているという実態を捉えます（Mandel 2024）。

また，困難のなかで被害親が子どもの日常を維持していること，子どもと

の関係を保っていること，子どものニーズに対応していること，子どもの身体的・精神的なダメージをケアしようとしていることなどを広範囲にみていきます。

◎「子どもの安全と福祉を促進するための非加害親の取り組みの全容」
　例（オレゴン州ガイド）

- 加害親の行動によって引き起こされた混乱のなかで，子どものために一定の日常生活を維持する
- 発達段階に応じた遊びや学習の機会を提供する
- 子どもを学校に通わせ，学校活動に参加させる
- 子どもの基本的なニーズが満たされるようにする
- 加害親の強制的な行動を自分自身に向け，子どもから遠ざける
- 虐待（暴力）行為の現場から子どもを離そうとする
- 子どもを守るために，加害親の要求に応じる
- 子どもと安全計画を立てる

　先述したように，被害親は，暴力を受けているにもかかわらず，子どもの日常生活の維持や安全のためにさまざまな取り組みや努力を行っていることが国内外の研究から明らかになっています（第11章参照）。

(4) 加害親の行動が子どもに与える否定的な影響

　最初の2つの項目に記載した加害者の行動から，子どもがどんな影響を受けているのかを明確にするのが，この項目です。「加害者の行動は，子どもの日常生活をどのように変えたか」「加害者の行動の影響で，子どもは何をするようになったか」「加害者の行動は，○○（子どもの欠席日数，問題行動など）にどのように影響したか，あるいは引き起こした（原因になった）か」，そして最も包括的な「加害者の行動は，子ども，パートナー，家族の機能にどのような影響を与えたか」という問いにより，この点はみえてきます（Mandel 2024）。

◎「加害者の行動が子どもに与える影響」例（オレゴン州ガイド）

- ネグレクト（基本的なニーズを満たさない）
- 成長不良
- 発達の遅れの兆候
- 以前の発達段階に戻る
- よく眠れない
- 病気になることが多い
- 片方の親をもう一人の親以上にサポートする，またはそうしなければならないと感じている
- 片方の親をもう一人の親からかばう，またはそうしなければならないと感じている
- 大人が満足することを過度に気にする（大人を過度に喜ばせようとする）
- 大人の問題に過度に関心がある
- 従順すぎる
- 家庭のなかで，自分より小さい子どもの世話や保護の役割を引き受ける
- 学校の成績がとても優れている，もしくはとても悪い
- 孤独である
- 家族や友人から離されている
- 秘密を守ることへのプレッシャーを感じている
- 異常な恐怖心をもつ
- 不安が強い
- 過度の警戒，驚愕反応などのトラウマ反応を示す
- 感情を閉ざす
- 感情的に他人を巻き込む
- 過度に注意散漫になっている
- 過度に忘れっぽい
- 他の子どもに対して，もしくは遊びのなかで暴力的な行動をとる
- 弱い者をいじめる
- ケガをしている

● 性的暴力を目撃したために性化行動を示す

(5) アルコール・薬物乱用，メンタルヘルス，文化，
その他社会経済的要因の影響

　ここでは，（1）～（4）に掲げた以外の，家族に影響を及ぼしている事柄を
みていきます。アルコール・薬物などへの依存やメンタルヘルスの課題があ
る場合にはそれを記載しますが，加害者にこれらの問題があるからといって，
暴力を振るっても仕方がない，行動を変えることができないわけではありま
せん。しかし，これらは暴力をやめにくくする可能性を高め，家族の生活基
盤を危うくしています。また，被害者に依存やメンタルヘルスの課題がある
からといって，暴力を振るわれても仕方がないということにはなりません。
他にも，慢性疾患や障害などを被害者が有していることもあります。こうし
た点を検討することで，被害者の困難のみならず，これらを加害者が利用し
て強圧的コントロールを強めている状況の理解につなげます。

　また，親族も含めどのような文化やつながりの影響を受けているか，宗教
や国籍，職業，失業や貧困など，家族を取り巻く社会経済状況を記載します。
ここでは加害者の暴力を容認する文化を生み出す要素の交差性に着目します。
DV 以外の際立つ課題があると，支援機関が DV への介入に消極的になって
しまったり，支援者が躊躇したりすることがあります。これらの状況を可視
化することで，より丁寧な支援と介入の必要性がみえてきます。

Point of View ⑪
記録の注意点

　DV ケースにおいて，加害者の行動とその責任を明らかにし，子

どもと大人の被害者の安全と福祉を守るうえで，記録の書き方はとても重要です。

　まず，「両親間に DV がある」「DV 歴がある家族」「激しい夫婦ゲンカがあり母子が家出を繰り返している」など，加害者と被害者をひとまとめにする記述をしないことが重要です。DV をお互いのこととするような記録は，家族内で起こっている支配 − 被支配や家族力動，加害者の行動とそのパターン，強圧的コントロールの実態を十分にアセスメントできていないことの表れです。

　米国子ども庁が発行する，DV と児童福祉専門家に向けた実践ヒントシートには，以下の留意点や記載例が提示されており，実践の「引き出し」になります（Capacity Building Center for States 2017）。

①「この夫婦には DV がある」「DV 事件があった」などの表現は避ける。

②身体的暴力については具体的かつ詳細な表現を用いる。その頻度と深刻さについての情報を含める。加害者の行動と子どもへの影響を結びつける。例：「加害者は過去 6 ヵ月間に，パートナーを殴ること 2 回，首を絞めること 1 回の暴力を振るった。暴力はより頻繁になり，子どもの前でもするようになった。それ以前にも，加害者は何度か被害者を突き飛ばしたり，平手打ちをするなどの暴行を加えている。子どもたちは最近加害者が怖いと述べている」

③支配やその他の虐待的行為を記録する。詳細と例を示し，その行動と子どもへの影響とを結びつける。例：「加害者は 3 年前から被害者を呼び捨てにし，子どもたちに悪い母親だと言っている。1 年前から，加害者は被害者のバスの定期券を取り上げ，また彼女の職場に行って監視する行動をしている。

子どもは，母親のことを罵倒したり，言うことを聞かなくてもいいと言うようになった。4ヵ月前，被害者は近所の人に自分と娘を医者に送ってもらおうとしたが，加害者はその近所の人を傷つけると脅した。そのため，診察の予約に行けず，子どもは喘息の薬がもらえなかった」

④ DVを夫婦の問題として記録することは控える。それぞれの個人の行動を別々に記録する。「この夫婦にDVがある」「接近禁止命令に違反している」「DVにもかかわらず，両親は子どものニーズを満たしている」などの表現は避ける。各人の行動を個別に具体的にあげる。

⑤ 子どもにもたらされている危害に関する加害者の役割について，具体的に記載する。例：「加害者は，接近禁止命令が出ているにもかかわらず，家に現れて脅すという危険な行動を続けている。子どもを連れ去ると脅し，さらには，自殺するとも脅した。子どもたちは父親の安全を心配している」

⑥ 被害者が子どもを守ろうとした（している）努力を記録する。例：「被害者は子どもを守ろうとしている。彼女はパートナーがエスカレートする兆候を察知し，そのときは自分の母親を呼んで子どもを避難させている。また，母親を呼ぶには時間が足りないと感じたときには，子どもを近所の人のところに連れていくこともある。子どもたちには，危険を感じたら通報するよう教えている」

⑦ 被害者のストレングスと子育ての努力を示す行動を記録する。例：「被害者は，子どもに食事を与え，学校に通わせ，宿題をさせている。子どもに対し，何が起きているのか話す機会をもつようにしている。被害者は子どもを課外活動に参加させたり，目撃した虐待について話ができるセラピーを受けさせ

ている。被害者は子どもを養うために働き，また主要な養育者となっている」

⑧ 発達段階に応じた子どもへの影響に焦点を当てる。例：「被害者からの報告によると，生後6ヵ月のサラは，暴行を目撃して以来，泣き叫び，自分を落ちつかせることができない。保育士は，被害者が離れるとサラがより泣くようになったと報告している」「マイケル（14歳）は加害者を恐れていたが，今は野球のバットをそばに置き，自分と母親を守るつもりだと話している。マイケルは母親が危険にさらされているかもしれないと思い，学校をさぼって早く帰宅するようになった」

⑨ 秘匿情報と安全性に配慮する。可能な限り，被害者の住所，安全計画，秘匿情報を，加害者がアクセスできるようなものに記録しない。

⑩ 加害者の子育ての技術，子どもとの関係，変化の意欲について，記録を作成する。

Safe & Together モデルでも記録は重視され，「記録作成を変えれば，実践も変わる」とされています（Mandel 2024）。4日間のCOREトレーニングでは，丸一日を記録の作成に関するトレーニングにあてているほどです。

「DVがある父母」「夫婦ゲンカが激しい」といった相互化した記録をまずはやめ，表現を変えることから始めてみましょう。それにより新たな「メガネ」を得て，面接の際の質問内容，ケースの見え方が変わり，効率的で効果的な実践の近道になります。

第13章 被害親への関わりの実際

　ここからは，被害親・加害親・子どもそれぞれへの具体的な関わりや，面接の際に大切な「メガネ」となる視点について，また面接の質問例など，実践で活用できる「引き出し」となる知見について紹介していきます。

「守ることの失敗」アプローチに基づく面接例

　序章で示したKさんの事例を思い出してください。児童相談機関のBさん（以下，Cw）は，母親と次のような面接を行っていました。

Cw　：お忙しいなか，来ていただいてありがとうございます。

母親：いいえ。すいません，遅れてしまって。

Cw　：今日来ていただいたのは，警察から児童相談所に連絡があったためです。

母親：すいません。

Cw　：以前もお話しさせていただきましたが，子どもに夫婦ゲンカをみせることは，子どもにさまざまな影響があります。その日は，ご自宅で何がありましたか。

母親：すいません。朝から夫の機嫌が悪かったみたいで。私が朝ご飯の準備をできてなかったので夫に怒られて。夫が暴れて，腕を叩かれた

り……。私が悪いんです。

Cw ：あざがありますね。大丈夫ですか。

母親：はい。たいしたことないです。

Cw ：子どもさんはそのときどうしていましたか。

母親：下の子が泣いて，上の子たちも起きていました。見せてはいけない
　　　と思ったので，長女に下の子を奥の部屋に連れていくように言いま
　　　した。子どもたちは泣いていました。

Cw ：子どもさんは怖い思いをされたようですね。子どもに夫婦ゲンカを
　　　見せることは虐待になります。前もお伝えしましたが，このような
　　　状態は，子どもの立場からすると，お母さんも虐待の加害者になっ
　　　てしまいます。

母親：すいません。気をつけたいと思います。

Cw ：一度，市役所の女性支援窓口に行ってお母さんのことを相談してみ
　　　てください。

母親：はい。

子どものためのパートナーシップに向けて

　先述したように，被害親は，困難のなかでも，子どもの生活を維持するた
め，子どもの成長のため，子どもを守るために，多くの取り組みや努力をし
ているという前提に立ちましょう。加害親の暴力の責任を被害親に押しつけ，
子どもを守れていないと見なして責めるような対応では，被害親は追い込ま
れて孤立してしまいます。また，本当は力関係が歴然とあるのにその内実を
理解しようとせず，両親を同じように虐待の加害者であると捉えてしまう対
応では，子どもの安全や福祉にはつながりません。また，加害親の行動やそ
の責任から，支援機関や専門職が目をそらしている状況ともいえます。これ
は「守ることの失敗」アプローチと呼ばれ，そのような対応からの転換の必
要性が指摘されていることは第9章で述べた通りです。

被害親に関わるときは，「あなたが困難のなか，子どものために多くの努力や取り組みをしていることを知っています。そのことについて教えてください。あなたの大切な子どものことを，あなたと一緒に考えたいです」というスタンス，つまり被害親のストレングスに着目し，子どものための協力関係を作っていくという姿勢こそが必要です。Safe & Together モデルの原則の2つ目は，「非加害親とパートナーシップ（協力関係）を築くことを基本とする」であり，これが効果的かつ効率的で，子ども中心のアプローチになるとされています。

被害親とパートナーシップを築くための6ステップ＋1

Safe & Together モデルでは，被害親（サバイバー）とパートナーシップを築くため，以下の6つのステップを提示しています（Mandel 2024）。

① **明言する**：加害者の行動の結果として起こる子どもへの危害や影響の責任は，サバイバーではなく，加害者にあることを明確に表明する。

② **尋ねる**：サバイバーに，加害者の（行動）パターンと，彼女や子どもたち，家族の機能に与えた影響について，具体的に話してもらう。

③ **アセスメントする**：DV 被害を受けるなかで，子どもたちの安全と福祉（ウェルビーイング）を促進するためにサバイバーが行った努力の全容を探る。

④ **認める**：それらの子どもを守るための努力とストレングスを明確に認める。

⑤ **協働して計画する**：加害者について被害親が知っていることと，自身の努力から得た知恵を，専門家の技術，知識，資源と組み合わせ，状況を改善するための計画を立てる。

⑥ **記録する**：加害者の行動とその影響，サバイバーのストレングスに関する情報を記録し，その重要な情報を今後の取り組みに役立て，必要に応じて他の機関と共有する（安全が損なわれる可能性のある秘匿情報の取り扱いに注意する）。

支援者は，「被害者に暴力の責任はないこと，加害者の暴力や強圧的な行動を止めるのは被害者の責任ではないこと」を被害者に対して明言します（①）。そして，加害者のどのような行動が被害者や子どもに脅威や困惑を与えているか，被害者の子育てを困難にしているかなどに関し，加害者の行動パターンを理解するための質問をします（②）。これにより加害者が子どもに及ぼしている影響も理解できるようになります。同時に，被害者がみずからと子どもを守るために行っていることや，子どもの日常を維持するための努力や取り組みに焦点を当て，それを理解し，言語化して認めます（③，④）。そのうえで，被害者がみずからと子どもの安全と福祉を高めるための方法を一緒に考えます（⑤）。そして，明らかになったことについて，記録を作成します（⑥）。

この6ステップは，「行動的，実践的，具体的なアプローチであり，訓練や経歴，理論的志向に関係なく，誰にでも利用できる」とされています（Mandel 2024）。この6ステップに「心理教育的支援」を加えた「6ステップ＋1」が，被害親への関わりでは重要であると考えています（図13-1）。

心理教育的支援

実践においては，継続的な被害者への心理教育的支援も重要です。強圧的コントロールを行う加害者の行動は，被害者の自己感覚を奪い，正当な認知を歪めます。加害者の暴力にさらされている被害者を前にして，その状況に他者や支援者が正当に対抗する方法の1つは，被害者が「自分自身に何が起こっているか，自分のしんどさや困難が何によりもたらされているか」を理解するための情報を伝えること，それについての対話を継続することです。また，さまざまにみられる心身の反応は当然のものであること，そのケア方法を伝えること（Point of View ⑥参照），その話ができる他者の存在が大切です。さらに，子どものケアや子どもとよりよい関係を保つ方法なども，折をみて説明するようにします。知識を伝え，加害者の強圧的コントロールによりも

図13-1 被害親とパートナーシップを築くための6ステップ＋1

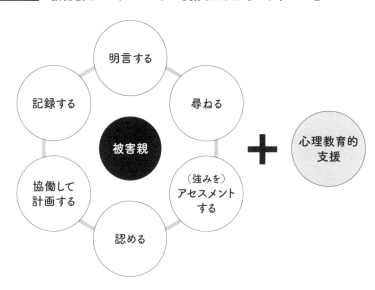

たらされた非機能的な認知に対抗するイメージです。

　心理教育的支援は，自身の状況を客観視することに役立つだけではありません。被害者は，なかなか他者に理解されることがなかった，自身の置かれている状況をわかってくれる人や場所として，支援者・支援機関を認識するようになり，両者の関係構築につながります。また，加害親との生活を継続したとしても「心までは支配されない」状況を生み出します。これは，自分自身を大切にすることに加え，子どもを守るための行動や親子関係を維持できる可能性を高めます。被害親をエンパワメントする心理教育的支援は，被害親が自己を保持すること，そして子どもの安全と福祉につながるのです。心理教育的支援は，DV被害者／女性相談支援機関のみならず，児童福祉／子ども家庭機関でも実施できますし，その他被害者に出会うどの機関の職員でも提供することができます。

　筆者は，被害者に情報を伝え，対話を深める方法として本書でもいくつか提示している面接ツールを用いてきました。被害親のストレングス・強みに

図13-2 面接ツール：子どもを守るため・影響を減らすためにあなたがしていること・できそうなこと（増井 2022）

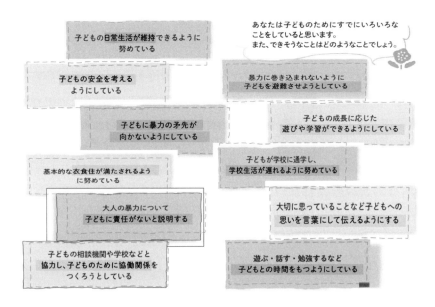

着目し，子どものためにしてきたこと・していること・しようとしていることを面接のなかで聞き取るためのツールを上に示します（図13-2）。たとえば，読み上げながら，被害親の経験やしていること，エピソードについて尋ね，言語化して認めることができます。読み上げながら提示することで，他にできそうなことを一緒に考えるヒントにもなります。

パートナーシップを築くうえで重要なその他のポイント

◆ 被害親への態度

まず何よりも，DV被害者を尊重し，思いやりのある態度で接することです。被害を経験してきた多くの人は，他者から向けられる視線に敏感です。対等

ではなく，上からの視線が感じられると，安心して話すことはできません。「加害者の言う通り，やっぱり自分は駄目なんだ」と誤認することにもなります。

　支援者が被害親を尊重し，思いやりをもって接することは子どもにとっても重要です。もし，支援者が子どもの母親に対し，尊重に欠けた態度で接している姿を見たとしたら，子どもはどう感じるでしょうか。

　ある若者は，母子生活支援施設に入所しているとき，書類整理がうまくできず混乱する母親の姿を見た職員が，ため息をつくところを目撃したそうです。それを見たとき，若者は，「母親は，父親が言うように駄目なんだ」と感じたといいます。子どもは本当によく見ていますし，敏感です。職員のため息は，「うまく物事を処理できない人は馬鹿にしてもいいんだ」と子どもに誤認させることにもなり得ます。支援者が加害親に加担しないためにも，被害親に関わる支援者の姿勢・態度は重要です。

◆ 社会資源を駆使すること，充実させること

　支援を検討する際には，社会資源を駆使し，最大限活用します。強圧的コントロールを受けている被害者が問題を一人で解決することは困難です。子どもがいる場合は子どものニーズを満たす必要があり，より複雑です。被害親が生活を維持し，さらに生活の質を高めるための住居支援，経済的支援，安全のための支援，法的支援，子育て支援など，多様な社会資源やサポートを利用しましょう。

　社会資源の活用のためには，他機関との連携が求められます。児童福祉／子ども家庭機関であれば，DV 被害者・女性相談支援機関はもとより，警察，福祉事務所などと連携したり，支援を受けられるようにつないだりします。

　とりわけ，被害者に加害者と離別したいという気持ちがある A Ⅱ ステージや B Ⅱ ステージでは，具体的方法が示されることが重要です。被害親が離別したいと考えても，方法や選択肢がなければ動くことはできないからです。子どもがいる場合は，自分だけでなく子どもが衣食住に困らず生活を営んでいけるという見通しが必要になります。支援者は，暴力のない生活を得るための複数の選択肢と具体的方法を示し，利用できるようにつないでいき

ます。

　現時点で離別を考えていない（ＡⅠステージやＢⅠステージ）としても，いざというときの方法や頼れる場所があると知っていることには意味があります。「この状況で生きるしかない」と思っているのと，「いざというときには他の方法があるし，相談できるところがある」と認識しているのとでは，被害者の孤立感は違ってきます。

　そのためにも社会資源が充実していることが必要ですが，残念ながら日本はまだまだ脆弱な状況にあります。大人と子どものDV被害者のためにできることを社会が増やしていくことが不可欠です。

　パートⅠでも述べたように，「支援者や行政機関がDVを認知したときが被害者の離別への動き出しのタイミングではない」ことを理解しましょう。これについてバンクロフトは，加害親と離れることで子どもの状況がよくなるとは限らないこと，離別のタイミングが悪いと事態が悪化することすらあることを認識する必要があると述べています（Bancroft 2004）。別居後も7割を超える加害者が被害者と子どもに関わっているという海外の調査（Hunter & Graham-Bermann 2013）もあります。被害者が子どもとともに加害者から離れたら問題が解決する，という単純な話ではないのです。その意味でも，加害者の行動の変容を求める関わりが重要です。

◆ 被害親の孤立を防ぐ

　どのステージの被害者に対しても非常に大切なのは，孤立を防ぐことです。DVが被害者にもたらす大きなリスクは孤立であり，実際に，強圧的コントロールを行う加害者は大人と子どもの被害者を親族や友人，学校や地域社会から孤立させていきます。

　被害親に対し，子育てや子どもに関する支援やつながりをつむぐことは，孤立を緩和することに役立ちます。筆者が行った調査においても，妊娠や出産，子どもをめぐる社会的なつながりは，被害親の孤立を緩和していました。たとえば，妊婦検診や出産時に病院で医師や看護師，助産師が夫の態度に違和感をもち「大丈夫ですか」と声をかけてくれた，保育所で保育士との日常

のやりとりのおかげで自分を保てた，子どものことで紹介されたスクールカウンセラーに相談できたことで救われた，子どものキャンプについていったときに初めて自分のことを人に話した，といったことが聞かれました。

　さらに，孤立の緩和には，被害者本人が，子どもの親としての側面だけでなく，虐待を受けている当事者として支援を受けられることも重要です。そのためにも，つながり続けることができる機関が地域にあることが望まれます。つらいときに話を聞いてくれる場所，いざとなったら頼れる場所がある，あるいはあると認識していることは，被害者の心と，どこかの時点で一歩を踏み出すことを支えます。この点からも，DV 被害者／女性相談支援機関には丁寧に相談に応じられる体制と多様な支援メニューが求められます。さまざまな機関が共通理解・共通言語に基づく連携を地域で行うこと，とりわけ加害者の行動パターン，そして被害親のストレングスについての理解を共有することが重要です。

◆ 強い介入を行うとき

　児童相談所が子どもを一時保護するなど強い介入を行う決定をすることもあります。その際，ここまで述べてきたことはもちろん重要になりますが，加えて，被害親と加害親を別々に面接すること，支援機関の役割と子どもの安全・福祉の観点から「何のための介入」であるかの丁寧な説明を行うことが必要です。そこでは，「被害親が子どもを守れていない」ことを理由とするのではなく，「被害親の努力にもかかわらず，加害者の行動が子どもに危害や悪影響を及ぼしているため，そこから子どもを守るための介入である」という説明が求められます。

◆ 加害親の影響で子どもの養育が困難になっているとき

　加害者による強圧的コントロールの影響やトラウマがひどく，被害親が子どもを適切に養育することが困難になっている場合もあります。このような場合は，加害者の行動に着目して被害親に与えたその影響を理解し，養育が困難になっている理由やトラウマの原因を明確にして，記録を作成します。

その際，被害親が「守ることに失敗」したのではなく，なぜ，この時点において守ることができない状態に至ったか記録します。被害親が子どもを守ることができない主な原因がDV加害にある場合，加害親に責任（アカウンタビリティ）をもたせ，変化させることに焦点を当てる方法を検討しましょう（ワシントン州ガイド）。

被害親への面接のポイント

被害親に面接を行う際のポイントは以下の通りです。

まず，被害親が単独で，かつ加害親の影響を受けない面接の場を設定することです。加害者の影響を排除できないときは，DVではなく一般的な質問や家族関係の話をします。個別に面接することに対する抵抗がみられる場合は，DVがあり，パートナーの支配が存在している可能性があります（オレゴン州ガイド）。また，被害親や子どもが話した内容をそのまま加害親に伝えないことが重要で，そのこと（伝えないこと）を被害親に伝えます。もし話す必要があるときは，何をどのように伝えようと考えているか，それが必要な理由も説明し，同意を得るようにします。

加害者がその場にいなくても，被害親は加害親のこれまでの行動から，相談機関に対して話すことへの不安を感じています。加害親の暴力がひどくなるのではないか，不機嫌になるのではないかという心配もあります。また，支援機関に対して，子育てについて責められるのではないか，子どもを保護されるのではないかという恐れを抱き，家庭で起こっていることを開示できないことが少なくありません。安心・安全がしっかり感じられないと，また支援機関への相当な信頼がもてないと，話すことはできないのです。話せない＝被害親が子どもを守れていない，ということではありません。

繰り返しになりますが，被害親に面接する際は，加害親の暴力や行動の責任は被害親にないことを言語化して伝えることが重要です。加害親の行動が子どもに及ぼす影響を説明する場合も同様です。

これらを踏まえたうえで，冒頭にも示したように，「あなたの大切な子どもの安全と安心を，あなたと一緒に考えていきたい」と伝えていきます。「あなたが困難のなかで，子どもの安全や生活のために，日々多くの努力をしていることを理解しています。その取り組みについて教えてください」と尋ねましょう。

このような質問をするのと，「子どもの前で夫婦ゲンカをすることは子どもに影響があります。そのとき何がありましたか」と聞くのとでは，被害親が話すことのハードルや情報量が違ってきます (Mandel 2024)。また，被害親の日々の努力や取り組みが語られると，なぜそのような努力をしないといけないかということに関し，加害者の行動や子どもの日常を知ることができ，専門家がみえにくい家族の状況の理解につながります。仮に「たいしたことはない」「自分の家族に問題はない」などと，そのときは受け入れない姿勢がみられたとしても，支援者からのこうした言葉は肯定的なイメージを残し，今後のつながりと孤立を防ぐ種まきとなり得ます。

被害者と子どもが，加害者に対して好意的な感情を表す場合もあります。虐待や暴力について質問するときは，加害者の人格についてではなく，加害者の支配的で強圧的な行動に焦点を当てて聞くようにしましょう（オレゴン州ガイド）。

被害親とのパートナーシップを意識した面接例

ここまでのポイントを意識して，冒頭に示した事例に面接を行うと，どうなるでしょうか。

Cw ：お忙しいなか，来ていただいてありがとうございます。
母親：いいえ。すいません，遅れてしまって。
Cw ：どうされましたか。
母親：車の鍵を夫が持たせてくれなくて，子どもを保育所に連れていくの

が遅くなってしまいました。

Cw ：お父さんが車を使わせてくれないのですね。大変ななかお越しいただきありがとうございます。お父さんがお母さんに暴力を振るった件で，警察から児童相談所に連絡がありました。あなたと子どもの安全について心配しています。今回来ていただいたのは，お母さんにとって大切なお子さんのことを，お母さんと一緒に考えたいと思っているからです。お母さんはきっと大変ななか，お子さんを守ろうとしていろいろな努力や取り組みをしていることと思います。そのことについて教えてください。

母親：ありがとうございます。子どもがケガしてはいけないし，前に暴力を見せてはいけないと言われていたので，夫が暴れているとき，長女に下の子を連れて，奥の部屋に行くように言いました。でも，子どもたちも泣いて，怖い思いをしたようです。

Cw ：そのときお父さんは何をしたのですか。

母親：私の段取りが悪いからいつも怒られるんです。私が夫の朝ご飯を作っていたのですが，下の子が起きてきておねしょをしていたので，着替えをさせていました。そうすると，夫はイライラし始め，「いつも段取りが悪い」「いつまで待たせるのか」と怒鳴り始めました。

Cw ：それから何がありましたか。

母親：子どもの前で大声を出してほしくなかったので謝ったのですが，おさまりませんでした。「誰のおかげで生活できてると思ってるんだ」「何歳までおねしょをさせる。おまえのしつけが悪い」と言われました。

Cw ：それから，お父さんは何をしましたか。

母親：私の腕を強く引っ張り，顔を近づけ顎を持ちながら怒鳴りました。とても怖くなり，手に持っていた下の子の着替えをとっさに夫の顔にかざしました。それが悪かったようで，夫は見境がなくなり，床に押し倒され，顔面を叩かれ，腕を蹴られました。

Cw ：状況がよくわかりました。それは怖かったですね。おケガは大丈夫ですか。

母親：あざが残っていますが，大丈夫です。

Cw　：大変な状況のなか，お子さんに奥の部屋に行くように言って，お父さんの行動から守ろうとしたのですね。

母親：でも，見せてしまって。長女は何も言いませんが，長男と次女は夜になると「怖かったね」と言います。

Cw　：そのときはどうされていますか。

母親：背中をさするようにしています。夫がいないときは絵本を読んで4人で一緒に寝ます。

Cw　：お子さんの背中をさすってあげたり，絵本を読んであげているのですね。

母親：はい，できるだけ一緒に寝るように。

Cw　：お父さんがいるときはどうですか。同じようにできますか。

母親：子どもも一緒にいることは難しいです。夫が早く帰ってくるときはできるだけ早く子どもを寝させるようにしています。

Cw　：そのようにするのはなぜですか。

母親：夫は子どもが泣いたり，一緒に寝たいと言うと「甘やかすな」と言います。それに，私が夫のそばにいないと不機嫌になるので，子どもに怒りの矛先が向かないように。

　被害親へのまなざしと質問を変えると，得られる情報が変わってきます。「両親にはDVがある」という理解を超えて，加害親はどのような暴力や強圧的コントロールを行っているのか，子どもがどのような危害を受けているのか，また被害親はどのように子どもとその日常を守ろうとしているのかがみえてきました。

　面接では，「あなたと子どもの安全について心配している」ことも伝えていきます。一般的にいってDVは，頻度や深刻さがエスカレートする可能性があることを説明し，状況の客観視につながる情報（DVにおける暴力の種類やDVのサイクルなど）を提供することが有効です。

パートⅡ　子ども虐待とDVの交差に介入する

第14章
加害親への
関わりの実際

加害者に力を与えてしまう面接例

　この章では，加害親への関わりについて解説していきます。まず，前章に続き，序章で示したKさんの事例を題材に，面接例をみてみましょう。

　父親にも面接が必要であるという方針となり，児童相談機関のBさんが父親への面接を行うことになりました。

Cw　：お仕事が忙しいなか来ていただき，ありがとうございます。

父親：子どものことですから。そっちも大変ですね，遅くまで仕事して。

Cw　：お気づかいありがとうございます。

父親：こっちも忙しいんで，早くしてくれますか。

Cw　：わかりました。お仕事大変なんですね。

父親：ええ，部下には任せられないので。

Cw　：警察から連絡を受けています。あの日（通告のあった事件の日），家庭で何がありましたか。

父親：ああ，前の日に「明日は朝早いぞ」と言ってあったのに，妻が朝食の準備をしてなかったんです。「明日は早いぞ」ってちゃんと言っていたのに。だから，ちょっと注意しただけなんです。それなのに，向こうから手を出してきたんです。妻はすぐ錯乱状態になるんで苦労してるんですよ。「まずいなあ」と思って手を押さえたんですよ。

　　　　妻はすぐあざができるんです。大声を出したから近所の人が警察を
　　　　呼んだんでしょう。ただの夫婦ゲンカですよ。こんな小さなことに
　　　　時間使って，たくさん仕事があるでしょうに，大変ですね。

Cw ：そうだったのですね。

父親：妻は精神状態がおかしくて，薬を飲んでいるんです。母親のくせに，
　　　　台所で酒を飲んでいるときもあるんですよ。

Cw ：それは大変ですね。夫婦ゲンカのとき，お子さんはどうされていま
　　　　したか。

父親：子どもにはもちろん手を出したりしていません。

Cw ：お子さんには手を出しておられないのですね。警察からもそう聞い
　　　　ています。でも夫婦ゲンカを見せること自体，子どもにとっては不
　　　　適切です。暴力を見て育つと，子どもの発達に影響が出ると言われ
　　　　ています。

父親：子どもも泣いていたし，反省しています。今日は子どものことを話
　　　　す機会をもらって感謝しています。妻には私からよく言って聞かせ
　　　　ます。

Cw ：よろしくお願いします。

　来所してくれたねぎらいから始まり，父親の話を共感的に聞いています。
一般的な面接の進め方としては，とりたてておかしいところはないかもしれ
ません。また，子どもの前でケンカしたり暴力を振るったりしてはいけない
ことを伝え，指導したことになるかもしれません。加えて，父親の応答を「受
け入れ良好」であると評価し，記録されるかもしれません。

　しかし，面接の主導権はどうも父親にあるように思えます。また，通告の
あった事件について質問をしているのに，妻のことを「精神状態がおかしい」
「薬を飲んでいる」「台所で酒を飲んでいる」という話になっています。これ
らは，母親の印象を悪くしようとしているのかもしれません。これに対して
「それは大変ですね」と返答したことで，もしかしたら父親は味方を得たと
感じたかもしれません。

このような対応で，父親は自分がした行動の責任を認識するでしょうか。子どもの親として行動を変えるでしょうか。変えなければいけないということを，どこまで認識したでしょうか。少なくとも，子どもにとって大切なもう一人の親である母親への態度を変えることはないと思われます。また，支援者の対応が，父親にパワーを与えることにつながっている可能性もあります。家に帰った父親は母親に対し，「職員も，おまえみたいな妻で大変だって，同情してたぞ」と言い，子どもには「おまえらもこんな母親で可哀想だな」と言ったとのことです。DV支配のメカニズムや強圧的コントロールを理解し，加害者による支援機関・支援者への操作性を捉える「メガネ」，また加害者の操作性に巻き込まれず子どもの親としての責任を問う「引き出し」をもたないと，意図せず加害者にパワーを付与し，大人と子どもの被害者をパワーレスにしてしまうことがあるのです。

加害者の機関への操作性

児童相談機関や警察，司法機関など，DV加害者である親に直接関わる機関は，暴力や支配的な行動は不適切であることを加害者に伝え，行動の変化を促すことができます。一方で加害者は，パートナーや家族だけでなく，支援機関や職員に対しても操作性を発揮し，支援機関の介入を自分に都合のいいように利用する可能性があります。加害者が支援機関を操作することは，大人と子どもの被害者への強圧的コントロールの手口の一部といえます。

Mandelら（2021）は，加害者がターゲットとする機関を2層に分類しています。第1層は，警察，児童保護機関，家庭裁判所など，大人と子どもの被害者に直接大きな影響を与える機関です。逮捕・勾留・子どもの分離・子どもの親権と面会交流の決定など法的な権限をもつため，加害者の操作性に巻き込まれてしまうと，被害者に明確で深刻な影響を与えることになります。これらの機関が影響を与えるのは主に子どもに関連する事柄であり，社会や専門家のもつジェンダーバイアスも絡まって，しばしば母親が責められる結

果となっています。第2層は，家族に関わる支援機関，メンタルヘルス支援機関，医療の専門家，被害者支援の専門家，法律の専門家，調査官，聖職者など，第1層の機関に情報を提供する機関です。第1層の機関はこれらの専門家の意見を参考にします。加害者のパターンを理解せず，加害者に操作されてしまうと，本来被害者のストレングスと捉えるべき行動を，親として不適切な振る舞いと見なしてしまうことがあります。また，被害者に障がいや病気などのため被害者にサポートが必要な場合，加害者はその状況を利用して，専門家から「責任者」として認められ，後ろ盾を得ることもあります。さらに，子どもがいる場合は，加害者は有利な状況に持ち込むため専門家を操作し，自分が優れた養育者であるように見せかけたりもします。

　支援機関や職員は，知らず知らずのうちにDV加害に加担させられるおそれのある立場に自分たちがあることを知っておくことが必要です。その認識は，加害親の操作により大人と子どもの被害者を守れなくなることを防ぎます。

　児童保護機関を対象とした米国子ども庁マニュアルには，加害者の操作性について以下のように記載されています。

　　加害者には強力な操作性があるため，彼らとのかかわりは困難なものとなる。彼らは，パートナーや家族に対してだけでなく，裁判所や児童保護機関などの組織に対しても，操作性を手口として用いる。

　　ケースワーカーも，加害者に次のようなさまざまな操作的手口を使われたことがあると報告している。たとえば，予定されていた約束を破っておきながら，突然事務所にやってきてケースワーカーに会うことを要求したり，子どもの安全を守ることについて話す機会を与えてくれて感謝しているとケースワーカーに伝えたりする。

　　加害者は，児童福祉の介入を自分の利益のために利用することがある。このことは，子ども虐待について頻繁に通告する人がいる理由を説明することができる。彼らは，次のようなことを試みているのかもしれない。

- 被害者を監視するために機関を利用できるかどうかを確認する
- 被害者の手元から子どもを引き離す
- 家族について情報を得る
- 被害者の悪い点を記録させる

　日本の実践現場においても，加害親の暴力により被害親と子どもが避難した場合,加害親が支援機関や警察に行き,子どもとパートナーが心配だと言って居場所を探ろうとすることなどがみられます。また，渡してほしいものがあるなどと言って仲介を求めるケースもあり，それにより，支援機関が被害親に対して，加害親に連絡するよう求めることもありました。しかしこれは，米国子ども庁マニュアルの「被害者を監視するために機関を利用できるかどうかを確認する」や「家族について情報を得る」ための行動である可能性に注意が必要です。また，離別や離婚をした後に，何度も虐待通告をする加害者もいます。内容からみると，子どものことを心配してというより，「被害者の手元から子どもを引き離す」もしくは「被害者の悪い点を記録させる」ための手口と思われることがあります。

　さらには，理路整然と話し，パートナーを悪者にするような言い方をして，暗に同意を求めてくることもあります。先の事例のように「精神状態がおかしい」「薬を飲んでいる」「台所で酒を飲んでいる」などの話は，機関と職員の母親に対する評価を操作し，「被害者の悪い点を記録させる」ことを意図しているかもしれません。

　加害者の操作性を支援者が理解していないと，加害親の暴力や強圧的な行動を変容させ，子どもと大人の被害者のリスクを減らす関わりができません。また，加害親が子どもの親として適切な行動をとれるようになることのサポートも困難になります。

　被害親や子どもは加害親の二面性に日々さらされています。支援機関の職員が操作性に巻き込まれると，加害親の二面性を知っている被害親や子どもが「理解してもらえない」「職員も夫（父親）の味方だ」などと無力感を抱き，信頼関係を結ぶことが難しくなります。

加害者が支援機関・支援者を操作する手口

　加害者が一般的に用いる操作的手口を知ることは，効果的な介入・支援を行ううえでも重要です。加害者が支援機関や専門家に対して用いる手口を，オレゴン州による Domestic Violence and the 6 Domains（Oregon Department of Human Services 2016）から引用して以下に示します。

- 被害者になりすます
- 結果の責任を回避する方法として，後悔の念を表明する
- うまく取り入るためにおべっかや「仲間」のような態度をとる
- 大人の被害者がとった保護行動（家を出る，警察に通報するなど）を，加害者とされる人を傷つける方法として説明する
- 自分は安定した穏やかなパートナーであり，よりよい親であるかのように見せかける
- 虐待を否定したり，過小評価したりする（「あざができやすいのは私のせいじゃない」「ちょっと押しただけだ」）
- 虐待を受けた大人の被害者を責める（「そのようなことをしてはいけないと知るべきである」）
- アルコール，その他の物質，ストレスなどのせいにして責任を回避する
- パートナーによる薬物またはアルコールの乱用を主張する
- パートナーが精神疾患を患っていること，および／または薬を服用していないことを主張する
- 大人の被害者の行動を否定的な方法で提示し，加害者の味方になるように仕向ける

　さらに，加害者の操作性のなかには，支援者の安全感を脅かすような行動をとることも含まれます。米国子ども庁マニュアルには，以下のように記載されています。

DV加害者は、自身の暴力的・虐待的行動が発覚し、それへの対応がなされないようにと、しばしば職員を操作する行動をとる。加害者は、ケースワーカーに愛嬌をふりまいたり、手を結ぼうとしたりといった計算高い方法が効果的でないと感じると、ケースワーカーを威嚇して、家族と関わらせないようにしようと、脅迫的な行動に出ることがある。たとえば、加害者はケースワーカーをにらみつけたり、面談中に歩き回り興奮した様子を見せたりするだろう。加害者は、ケースワーカーに対して、上司に電話したり、「背後に気をつけろ」と警告したりして、「ただではすまさないぞ」という微妙な脅迫をすることがある。このような行動は、ケースファイルに記録すべきである。

まずは、加害者（もしくはそう疑われる人）に対応する職員は、相手が操作性を発揮してくる可能性があることを認識しておくことです。そして、組織として、加害者の操作性について共通認識をもち、対応することが欠かせません。

加害親に関わるための「引き出し」の必要性

DV加害者と関わることは簡単ではありません。児童相談機関の実践のなかで、男性の加害者と面接することの難しさをよく耳にします。大学などでの専門教育においても、男性や父親の立場にある人に対する面接のトレーニングを受ける機会はほとんどなく、ましてDV加害者である男性への関わりを学ぶ機会は、実践研修でもほとんどありません。とても困難に思えるのは当然といえます。

そのようななか、加害親と同居中であっても被害親の面接が中心で、加害親にはあまり関わっていない機関も多いという現状があります。その背景を児童相談機関の担当職員に聞くと、「被害親が拒否したから」「警察の通告書に母親に連絡するよう書いてあるから」などと説明されます。ある職員は、「怖さもある、どうせ変わらないという思いもある。そのなかで、被害親が拒否

しているという状況に乗っかって関わらないことにしたり，加害親に面接したとしても，『子どもの前で暴力をしてはいけない，やめるように』と通り一遍の指導をして終わるというルーティンになっている。実際には，加害親への効果的な関わり方がわからないので，面接を避けているのかもしれない」と話してくれました。

　米国のマニュアルや各州のガイドにも，過去の状況として同様の記載があり，そのなかから実践の変革がなされてきています。日本においても DVや加害親の行動の理解が進み，加害親への関与と方策（引き出し）が提示され実践が積み重ねられていけば，状況は変化していくと思われます。同居しているか別居しているかにかかわらず，加害親の行動が子どもや家族の機能に悪い影響を及ぼしていないか，子どもに危害が及んでいないかをアセスメントすることが求められます。以前は，被害親と子どもが家を出ることが加害親の侵襲を防ぎ，加害親と被害親，子どもが関わりをもたなくなることを意味していました。しかし，携帯電話や SNS が発達し，離婚において面会交流が求められたり，共同親権の法施行も迫るなか，加害親は別居していても，裁判手続きや，子どもの面会や被害親への連絡のなかで強圧的コントロールを行い，被害親の子育てや子どもに悪影響を与える場合があります。別居したから子どもに危害は及ばない，被害親の子育てに影響はない，つまりリスクは減っている，なくなったと一律に考えることはできないのです。その点でも，子どもに関わる機関の職員は，同居・別居にかかわらず，強圧的コントロールの「メガネ」を通して，加害親が子どもと大人の被害者に危害を加えていないかのモニターと，加害者の行動を変えるよう働きかけるための「引き出し」をもつことが今後ますます求められます。

加害親への面接のポイント

　ここまで述べてきたように，子ども虐待対応において加害親に関わることは不可欠です。巧みな面接は，より効果的に加害親とつながり，加害親の変

化への力をアセスメントし，何よりも大人と子どもの被害者の安全と福祉を最大化することにつながります。以下ではこれに関連する海外の知見を紹介し，加害親への面接のヒントを提示していきます。

◆ 加害者の行動は「選択」であり，変える必要があるという視点

加害者に関わる機関は，「加害者の行動の変容」，子どもがいる場合は「加害者が子どもの適切な親になること」に焦点を当てることが求められます。DV加害者プログラムなどの加害者臨床では，暴力は加害者が「選択」した行動であること，その責任は行動を選択した加害者にあること，そして，行動しないという選択も可能である，つまり変容できるはずであるという考え方が基本となります（DV被害者プログラムでは通常，行動だけでなく認知の変容も扱います）（高野2020；佐々木2023）。

児童相談機関などにおいても，加害親と面接する際の基本的な考え方は共通しています。加害親との接触や面接のなかで重要になるのは，DVは安全でも適切でもなく，加害親は行動を変える必要があるという明確なメッセージを送ることです。

加えて，とりわけ子どもが中心である児童相談機関は，加害親の行動とそれがもたらす子どもへの影響に焦点を当て続けます。このことは，子どもの安全と福祉を守るという本質を維持し，支援機関が加害親による操作に巻き込まれることの緩和にもつながります。

なお，支援者が加害親と話すときには，そのことを被害親に知らせておき，想定される加害親の反応などを確認することが，効果的な面接を計画するためにも，被害親と子どもはもとより支援者の安全のためにも大切です。さらに，面接の後，被害親と連絡をとり，加害親が暴力をエスカレートさせるようなことがなかったかどうかを確認する方法を決めておくことも重要です。加えて，加害親が面接の後，「職員が○○と言っていた」と被害親や子どもに言うことがあります。その場合は，それを鵜呑みにせず，確認の連絡がほしいとあらかじめ伝えておきましょう。これは，強圧的コントロールを行う加害親は，支援機関や職員が話したことを使って（もしくは，その情報を操作して）さ

らなる支配を行う可能性があるためです。それにより支援機関と被害親との関係が崩されること，被害親がダメージを受けることの予防につなげます。

◆ 児童相談機関における加害者面接の目標

ミネソタ州ガイドでは，加害者への面接の目標を明確にもつことの必要性が強調されています。そして加害者との面接の目的として「適切なことと不適切なこと」を次のように述べています。

◎ 加害者との面接の目的として適切なこと

- 加害者のみずからの行動に関する態度のアセスメント
- 加害者が勧告に従い変化する意思があるかどうかを確認する
- 親の行動（行動＝親の選択）に大きな期待を示す
- 暴力は許されるものではなく，子どもや家族の機能にとって有害であることを明確にする

◎ 加害者と面接する目的として不適切なこと

- 自白を得ること
  ケースワーカーは加害者が否認，過小評価，はぐらかし，および／または防御的になることを想定（予期）すべきである。ケースワーカーは客観的であり続ける必要があり，また加害者とされる人の反応は，信憑性や危険性を暗示していると考える必要がある
- 大人の被害者や子どもからの情報を確認する
  ケースワーカーは，被害者や子どもから得たいかなる情報も加害者に明かしてはならない。そうすることは，加害者に彼女らの開示した情報を知らせることになり，報復や暴力の危険性を高めることにつながりかねないからである
- 恥をかかせたり，責めたてたりすること
- 加害親からみた暴力の原因を理解すること
- 彼らの人間関係の悩みを聞くこと

◆ 加害者の行動と子どもへの影響に焦点づける

何があったかの事実を確認する場合には，「その日，家庭で何がありましたか」ではなく，「その日，あなたはパートナーと子どもに何をしましたか」と，行動に焦点づけた質問をします。また，「あなたがしたことによって，子どもたちはどのような影響を受けたと思いますか」と，子どもへの影響に焦点づけた質問を繰り返し行います（Mandel 2024）。それにより，面接の主導権を支援者がもち，関わりの方向性を定めることができます。

冒頭の事例のように，被害親の精神状態の問題を加害者が説明する場合はどうでしょう。面接のなかで，被害親が精神的におかしい，精神科の薬の服用が必要なのに飲んでいないといった話を加害親が持ち出すことがよくあります。内実は，加害親の日々の強圧的コントロールが原因でメンタルヘルス問題を抱えるようになっていたり，必要な薬を「頭がおかしくなるから飲むな」と加害者が捨てたり，受診させないなど回復を阻害していることもあります。

被害親のメンタルヘルスの問題が話題になると，支援者はつい冒頭の面接のように「お父さんも大変ですね」などと共感を示す言葉を発してしまいがちですが，そのような対応は，加害親が機関の職員を味方につけたと認識することにつながります。また，事例のように自宅に帰って，「職員も，おまえみたいな妻がいることを同情していた」などと言い，機関の関わりや職員の応答をパートナーへの攻撃のさらなる武器にし，強圧的コントロールの材料にすることがあります。そうしたことを踏まえ，面接では，「子どもたちのために，あなたはパートナーにどのようなサポートをしますか」など，加害親の行動と子どもへの影響に焦点づけた質問を重ねて行うことが肝要です。

◆ 適切な親になるための関わり

継続して関わりを行う際も，児童相談機関は加害親の行動の変容と，子どもの適切な親となることに焦点を当てます。自分の行動が子どもに与える悪影響を理解することで，DV加害者のなかには，行動を改めたいと思う人も少なからずいます。反対に変わることが難しい人もいます。いずれにせ

よ，自身の行動が間違っていること，自身の振る舞いの子どもへの影響について伝える機会がまず必要といえます。また，情報を知り，DVが子どもに与える影響について話し合うことや，行動の変容を求める関わりをすることで，その可能性を探ることができます。具体的には，以下を試みてみましょう（Mederos 2004をもとに筆者作成）。

- **対話的側面**：質問を投げかける――「あなたがしたことによって，子どもたちはどのような影響を受けたと思いますか？」「どんな父親になりたいですか？」「子どもたちにどう思われたいですか？」「子どもに5年後どうなってほしいですか」など
- **教育的側面**：自身の行動の子どもへの影響，DVは不適切な行動であることを説明する――「お子さんが暴力を振るったり，被害を受けたりするようになる可能性があります。お子さんのこのような行動を見たことがありますか？」「子どもが影響を受けていないように見えても，このような行動にさらされれば，子どもは影響を受けています」「あなたがお子さんを怖がらせたり，嫌な思い出を残したいと思っているわけではないことは承知していますが，子どもは怖い思いをしています」「パートナーを傷つけることは，子どもを傷つけることでもあります」「子どものもう一人の親を軽蔑したり，その養育を貶めたりすると，子どもが大人を尊敬する能力を損ねることになります」など
- **変化を問う**：行動の責任と変化を求める――「子どもたちの幸せを考えているとおっしゃっていますが，彼らにとって重要な人物の一人を目の前で殴った，その点についてはどうでしょうか」「あなたがよい親になりたいと思っていることはわかっています。あなたは子どものために行動を変えますか。どのように変えるか教えてください」「あなたの行動は，生涯にわたって子どもに影響を与えます。今からでも遅くはありません。あなたには子どものために物事を変える力があります」など

◆ 制限を設ける（リミット設定）

　加害者が，面接の主導権を握るために，自身の体格，部屋での位置，声などを利用して威圧的になることがあります。その際，その行動をやめさせ，面接を方向転換させるために，敬意をもって制限を設けることは適切な行為です（Oregon Department of Human Services 2016）。

　ワシントン州ガイドには，「DV 加害者との積極的な関わりは，制限，境界線，行動方針，手続きを無視することを意味しない。長年にわたる DV 加害者との実践のなかで，彼らには明確な制限やルールが必要であることが明らかになっている。多くの DV 加害者は，ルールの実施者が自分たちを尊重し，気にかけてくれ，純粋に援助したいと思ってくれていると感じれば，制限の設定に前向きに反応する」と述べられ，具体的には以下のようなリミット設定のフレーズが例示されています。

　　「そのような振る舞いは威嚇的な（場を壊す）行為となります。こんな状態では何もできません。あなたが動揺しているのはわかりますし，良い気分ではないでしょうが，このような行動が続くのであれば，面接を打ち切り，その理由を記録しなければいけません。少し休憩しましょうか？　私たちはあなたの考えを聞きたいと思っています」

　　「良い決定をするために，この対話を続けられるようにする必要があります。自覚しているかどうかわかりませんが，あなたは話を遮る（あるいは自分のことを話そうとしない，とても大きな声を出す，脅すようなジェスチャーをする，など）ようなことをしています。ここでは双方向の対話でなければなりません。私たちはあなたの言い分を聞きたいのですが，質問もしたいのです。休憩しますか？　続けますか？」

　DV 加害者が支援者をさらに脅迫しようとしたり，リミット設定に応じない場合は，それらの行動をケース記録や家族アセスメントに記載します。

◆ 加害者の変化の兆候

加害者が変化していることを示す兆候には次のようなものがあります（オレゴン州ガイド）。

- （身体的に）暴力的，脅迫的にならない
- 自身の行動が誤りであったことを認めている
- （生活費や養育費の支払いなどを使った）経済的暴力のようなパワーとコントロールを用いない
- パートナーを侮辱したり品位を貶めたりしない
- （みずからの）責任を受け入れ，パートナーを非難しない
- パートナーの子育てと子どもの関係に支援的である
- 「回復（治癒）していないこと」，またその変化は生涯にわたるプロセスであることを認めている

身体的な暴力の有無や加害者プログラムの受講の有無を超えて，強圧的コントロールを大人と子どもの被害者に用いていないかをみる視点が必要であることがわかります。またその変化を被害者と子どもが実感できていることも重要です。

◆ DV 加害者が暴力的で強圧的な行動を変化させようとしない場合

DV 加害者のなかには，子どもの安全な生活の一部になれない人もいます。DV 加害者との関わりがうまくいかず，DV 加害者が暴力的で強圧的な行動をやめない場合は，以下に重点を置きます（ワシントン州ガイド）。

① 子どもと大人の被害者を DV 加害者の強圧的な行動や手口から守る
② 子どもと非加害親との関係を支える
③ DV 加害者が変わろうとしない，あるいは変われないことを記録する

加害親の行動と子どもへの影響に焦点づけた面接例

　ここまでのポイントを意識して，冒頭に示したケースに面接を行うとどうなるでしょうか。

Cw　：お仕事が忙しいなか来ていただき，ありがとうございます。

父親：子どものことですから。そっちも大変ですね，遅くまで仕事して。

Cw　：今日は，警察から連絡を受けたので，来ていただきました。

父親：こっちも忙しいんで，早くしてくれますか。

Cw　：警察から連絡を受けています。あの日（通告のあった事件の日），あなたはお母さんと子どもたちに何をしましたか。

父親：子どもには何もしていない。妻をちょっと怒って，叩いただけです。

Cw　：お母さんに何をしたのですか。

父親：ああ，前の日に「明日は朝早いぞ」と言ってあったのに，妻が朝食の準備をしてなかったんです。「明日は早いぞ」ってちゃんと言っていたのに。だから，ちょっと注意しただけなんです。それなのに，向こうから手を出してきたんです。妻はすぐ錯乱状態になるんで苦労してるんですよ。「まずいなあ」と思って手を押さえたんですよ。妻はすぐあざができるんです。大声を出したから近所の人が警察を呼んだんでしょう。子どもには何もしてない。

Cw　：お母さんを叩いたり，手を押さえたりしたのですね。他にお父さんはどのようなことをしましたか。

父親：叩いたり，少し押さえたりしたけど，子どもには何もしていないって言ってるでしょう。妻は精神状態がおかしくて，薬を飲んでいるんです。

Cw　：お父さんがしたことによって，子どもたちがどのような影響を受けたと思いますか。

父親：そこにいたので，ちょっとは嫌な思いをしたかもしれませんね。で

も，子どもには手を出してない。ただの夫婦ゲンカですよ。こんな
　　　小さなことに時間使って，たくさん仕事があるでしょうに……。

Cw ：お子さんの前でお母さんを叩いたり，押さえたりしたのですね。そ
　　　のときお子さんはどうされていましたか。

父親：泣いていたかな。でも，子どもには手を出したりしていません。妻
　　　は母親のくせに，台所で酒を飲んでいるときもあるから注意してい
　　　るんです。

Cw ：そのとき，お子さんは泣いていたのですね。あなたがお子さんを怖
　　　がらせたり，嫌な思いをさせたいと思っているわけではないことは
　　　承知していますが，お子さんは怖い思いをしたのではないですか。

父親：まあ，泣いていたし，自分は怒ると声が大きいところがあるし，怖
　　　かったんでしょうね。でも，さっきも言ったように，妻は精神状態
　　　がおかしくて，薬を飲んでいるんです。

Cw ：お子さんは怖い思いをしていたとお父さんは理解されているのです
　　　ね。では，お子さんのために，今後どのように行動を変えますか。
　　　また，お母さんにどのようなサポートをしますか。

父親：子どものために……。

　このように，加害者の行動とその選択，そしてその行動が及ぼす子どもへ
の影響に焦点づけることを意識して面接を進めます。それにより，面接の主
導権を職員が維持し，関わりの方向性を定めることが可能になります。

パート II
子ども虐待とDVの交差に介入する

第15章
子どもへの
関わりの実際

子どもの声を聴く

　日本では，DVが背景にある子ども虐待の通告などに対応する際，児童相談機関が子どもに面接を行っていないことがあります。また，DV被害者のシェルターにおいては，子どもの世話や子どもへの説明は母親の責任とされています。母親とともに一時保護や母子生活支援施設に入所する子どもに対し単独での面接をしていないことも一般的です。しかし，子どもには，被害親以外に話す大人の存在が必要です。そして，子どもへの危害と影響を知ることに加え，子どもがどのように現状を理解しているかや抱えている思いを本人の立場から知ること，子どもの発達に応じて状況の説明がなされることが重要となります。

　DV加害者の行動により危害や影響を受けている子どもに関わる際の目標を以下に示します。

- 見たこと，聞いたこと，知っていることなど，DVの体験を理解するために情報を集める
- 子どもが現状をどう理解しているか，抱えている思いや希望を聴く
- 子どもが，何が起こっているのか，発達に応じて理解できるように説明をする
- 子どもの安全上の脅威やリスクを評価し，対処する

- 子どもの心配を聴き，どうすれば安全に過ごせるか，子どもと話し合う
- 子どもと直接関わる安全についての計画を立て，改善する
- 子どもたちと被害親とのつながりを維持し，関係を支える
- 子どもの生活と成長を支える保護要因を増やす
- 子どものトラウマを理解し対処する。また必要に応じてトラウマ関連の症状への治療やケアにつなぐ

子どもとの面接例

◆ 事例1

再び，序章で紹介したKさんの事例を題材にします。児童相談所に複数回の通告があった小5の長女Rちゃんに面接をすることになりました。

Cw ：RちゃんとRちゃんのきょうだい，お母さんの安全のことを心配しています。Rちゃんの安全を一緒に考えたいと思っています。だからRちゃんのことを知りたいので，お話を聞かせてね。
好きな遊びとか好きな科目は何ですか？

Rちゃん：ダンスが好き。お母さんがダンスの服を作ってくれた。学校では国語が好き。

Cw ：ダンスと国語が好きなんだね。教えてくれてありがとう。
警察が家に来たときのことを教えてくれるかな。

Rちゃん：うん。私がリビングにいたら，お父さんが朝ご飯の準備が遅いと言って怒鳴り出した。そして，お母さんを叩いた。そのとき，お母さんは妹がおねしょして，泣いていて，着替えさせていたから遅くなったんだけど。

Cw ：教えてくれてありがとう。上手に話してくれたので何が起こったかよくわかりました。そのとき，Rちゃんはどうしていまし

たか。

R ちゃん：お母さんが奥の部屋に行くように言ったから，弟と妹を連れて
いった。部屋で妹と手をつないでいたの。大きな音がしたから
怖かったし，止めたいと思ったけど体が動かなかった。

Cw ：話してくれてありがとう。お父さんが暴れて，体が動かなかっ
たんだね。怖かったね。

R ちゃん：うん。

Cw ：覚えておいてほしいことがあるんだ。大人の暴力の責任は R
ちゃんにはありません。R ちゃんは悪くないし，止めなくても
いいってこと，覚えておいてほしいんだ。お父さんの行動は R
ちゃんのせいじゃない。

R ちゃん：えっ，そうなんだ。

Cw ：そうだよ。それからどうなったのかな。

R ちゃん：隣の人が警察を呼んだんだと思う。警察が来てお父さんが捕ま
るのかなと思ってびっくりした。お母さんの口が切れて，血が
出ていた。その後，警察の人とお母さんが話していた。私にも
ケガがないか，女の警察官が聞いた。私はびっくりしたけど，
大丈夫って言った。

Cw ：それはびっくりしたね。それからどうしたのかな。

R ちゃん：おじいちゃんが来て，お父さんはおじいちゃんのところに行っ
たみたい。その後，お母さんが背中をさすってくれた。お母さ
んが学校に送ってくれて，遅れて学校に行った。

Cw ：教えてくれてありがとう。

　面接の最後に，さまざまな感情がイラストになっている「感情シート」を
示しました。R ちゃんは，「ホッとした」を指差しました。

　　Cw ：ホッとしたんだね。なぜホッっとしたのかな？

　　R ちゃん：私は悪くないってわかったから。あの日は，お母さんに「早く

起きなさい」って言われたけど起きなかった。だから私のせい
でお父さんが暴れたのかなと思っていた。

◆ 事例2

もう1つ，別の事例を示します。女性相談支援センターの職員が子ども
に面接しました。

D君（小5，男子）は，母親とともにシェルターで3回目の一時保護になっ
ています。母親は外国籍で，D君を伴って義父と再婚しました。義父は前
妻との間に2人の子どもがおり，親権をもち同居していました。

母親はこれまで一時保護で落ち着くことは難しく，無断で退所し，帰宅し
ていました。義父からのさまざまな強圧的コントロールを受け，いつでも日
本から追い出してやる，離婚してやると言われていました。また，母親は，
本来は精神科の受診と薬の服用が必要ですが，保険証を取り上げられたり薬
を捨てられたりしており，回復する権利が奪われています。母親は，自宅を
離れて数日すると，自分のものを壊されるのではないか，夫のワイシャツに
アイロンをかけないと怒られる，日本にいられなくなるのではと不安になり，
帰らないといけないという思いが強くなります。

D君と面接し，現状をどう理解しているか把握するための質問をしてい
きました。

D君：夜，お義父さんは酔っぱらって帰ってきて，お母さんを追い出した。
　　　お母さんはもう離婚するって言って，警察がここに連れてきてくれ
　　　た。

Cw　：話してくれてありがとう。D君はお義父さんとお母さんのことどう
　　　思っているのかな。

D君：お義父さんは僕を叩くことはないけど，（義理の）妹たちと差別する
　　　からイヤだ。ご飯食べるなって言ったりする。そんなときはお母さ
　　　んがおにぎりくれる。お母さんのことは好き。本当は前みたいに2
　　　人で暮らしたいけど，結局，いつも戻るんだ。

Cw ：教えてくれてありがとう。よくわかったよ。これまでおうちのこと
　　　を誰かに話したことはありますか。

D君：ない，初めて。だって「言うな」ってお義父さん言うし。

Cw ：お義父さんがお母さんに意地悪したり暴力を振るうことは，子ども
　　　のD君には責任がないことをわかってほしい。でも，もしかした
　　　らお母さんはお義父さんの魔法にかかっていて，おうちに帰りたく
　　　なるかもしれない。そのときは，D君がおうちで嫌なことがあっ
　　　たら，誰かに話をしてほしい。誰かお話しできそうな人はいるかな。
　　　担任の先生とかはどうかな？

D君：担任の先生はちょっと話しにくい，声が大きいから。でも，保健室
　　　の先生は優しいし，ご飯食べているか気にしてくれるから話ができ
　　　る。

その週末，母親はD君を連れて無断退所しました。女性相談支援センター
の担当者は，児童相談機関に児童虐待通告をしました。その際，D君と母
親から聞いている加害者のパターンを伝えました。それとともにD君に面
接をしてほしいことを依頼し，担当者は学校でD君に面接をしました。

いかがでしょうか。DVのある家庭で育つ子どもは以下のような経験をし
ているといわれています（Bancroft 2004）。

● 子どもはDVに気づいている（見ている，聞いている，感じている）
● 子どもはおびえているが，そのことを隠している
● 子どもは自分のせいだ，自分たちがDVを防ぐべきだったと思っている
● 子どもは経験していることを子どもなりに解釈している
● 子どもは，暴力のことを話したいけれど，話せないと思っている

2つの事例からも，子どもがこれらの経験をしていることが読み取れます。

子どもへの面接のポイント

　子どもに面接をするときは，目的を子どもに説明し，子どもと被害親の安全を考えたいこと，子ども自身の思いを聴きたいことなどを伝えます。また，子どもが話した内容についての扱いなどを説明し，安心してもらう必要があります。

　DVとともに生きる子どものなかには，家庭内のことを特別な秘密として抱え，話したくても話せない子どももいることを理解しましょう。その理由は子どもによって異なりますが，どちらかの親から話さないように言われている，恥ずかしいと感じている，加害者であろうと被害者であろうと両方の親に忠誠心や思いをもっている，両親のことを心配している，自分自身を守るためにDVの記憶をなくそうとしている，などがあげられます。

　面接では，子どもがどんな経験をしているか，どんなことを感じているかを尋ねます。たとえば「何があったのか」「お父さんはそのとき何をしたのか。どう思っているのか」など行動と思いについて質問します。話してくれたことをもとにさらにくわしく尋ねていくと子どもが話しやすく，加害親の行動パターンの理解につながりやすいといえます。さらに，子どもの年齢や発達に応じて状況を説明すること，何より子どもには大人の暴力に関して責任がないと伝えることが肝要です。そして，誰にも言わなかったのは子どものせいではないと伝え，子どもが不安に思っていることを把握し，緊急時の行動などのセーフティプランを一緒に考える，子どもが安全に話せる大人を特定するなどを行います。

　DVを経験している子どもと面接する際のヒントを，ミネソタ州ガイドから引用して以下に示します。

- 加害者の影響を受けない環境を設定する
- 目的を子どもにわかる言葉で説明する（あなたとあなたのお母さんの安全を一緒に考えたい　など）

- 具体的なエピソードを聞く（加害者がしたこと，その際の子ども自身の行動や思い　など）
- 被害親と子どものストレングスと保護要因を知る。安全のためや生活の維持のためにしていることが必ずある
- 暴力が起こったとき，子どもは何をするのか／どこへ行くのかを聞く
- 安全な場所を考える。まだない場合は，いくつか思いつくよう手助けする（隣人，親族宅，管理人室，裏庭，寝室　など）
- 話せる大人を（できれば複数）特定する。また，ホットラインなど機関の連絡先を伝える
- 暴力を止めたいと思っても，止めようとするのは危険であること，止める責任はないことを説明する
- 加害者の暴力は子どものせいではなく，子どもには責任がないこと，また，傷つけられた親のせいでもないことを説明する
- 加害者のことを嫌がっていると決めつけないようにする。子どもは加害親に思いをもっていることもある。子どもはただ暴力をやめてほしいと思っている
- それぞれの子どもが家庭外の継続的な支援体制につながるようにする

子どもの保護要因を増やす

　加害親からの強圧的コントロールにさらされる（あるいはさらされた）子どもが受ける影響は非常に大きなものです。その一方で，子どもが本来もつ力や，さまざまな保護要因に支えられ，多くの若者が自分の人生を主体的に生きている事実もあります。

　被害親やきょうだいとのつながり，気にかけてくれる親族，学校や保育所といった家庭外の場，教員や福祉機関の専門家との出会い，その人たちからかけられた言葉，友だちや先輩との関係などは，子どもが成長していく過程で大きな保護要因になります。また，ロールモデルになる人，不登校の時期

や精神的不調に陥ったときにつながった人，再チャレンジできるシステム，クラブ活動などの居場所，認められる体験も，子どもたちの成長を支えます。

　家庭外の居場所や支えてくれる大人の存在は，子どもにとって非常に重要です。これまでみてきたように，被害親とのパートナーシップを築き，被害親への多層的な支援を行うこと，加害親の行動を変え子どもへの危害を減らすための取り組みを通じて，子どもの安全と福祉を向上させることが求められます。それに加え，「社会で子どもを育てる」という視点をもち，子ども一人ひとりの保護要因と，家庭外での支援を増やしていくことが大切です。

おわりに

　この本は，筆者が支援現場にいるときに知っておきたかった，知っていたら実践が違っていた，もっとよい支援ができたと思うことをまとめたものです。また，講師を務めた近年の研修のなかで実践者にお伝えした際，反響が大きかった内容を取り上げました。

　パートⅠでは，筆者がこれまでの実践と研究を通して理解してきたことのなかから，実践者の方々ととくに共有したいことを取り上げています。強圧的コントロールを中核とする支配のメカニズムおよびDV被害者の主観的経験の理解という，DVの本質を見る「メガネ」と，その理解に基づくDV被害者への相談支援方策，暴力と虐待への介入の「引き出し」を示しました。

　パートⅡで扱った子ども虐待とDVの交差については，扉を開いて探求の階段を登り始めたところです。そんな段階で書くことに躊躇いもありましたが，今まさにDV加害者の強圧的コントロールにさらされている大人と子どもの被害者がいます。DVと子ども虐待のケースに日々対応し，奮闘している児童福祉／子ども家庭機関の職員がいます。警察や司法関係者もいます。大人の被害者の相談支援に応じ，圧倒されるような権利侵害を前に佇んでいるDV被害者／女性相談支援機関の職員がいます。スーパーバイザーとしてケースの判断を求められている人もいます。さまざまな実践現場でDVを経験する（してきた）個人や家族に出会っている支援者や専門家がいるのです。また，これらの分野に新たに従事する人もいます。

　実践者たちは，問題を捉えるための理論が整理されておらず，対応に必要な「メガネ」と「引き出し」がほとんど手元にないなかで，支援の最前線に立たされています。結果として，子どもと大人の被害者の安全と福祉を高め

ることにつながらない対応になっているのではないか，当事者のエンパワメントにつながっていないのではないかと葛藤や疑問を感じている人が多いことを知っています。また，加害者に対し，行動を変える必要があることをうまく伝えられず消耗している実践者が多いことも知っています。さらに，被害者の困難を理解しながらも，他機関との連携において被害者を「困った人」とする言説に同調してしまい，どこか苦さと無力さを感じている支援者がいることも知っています。それらは筆者が経験してきたことでもあります。

　筆者は都道府県の福祉職公務員として，児童福祉／子ども家庭機関，DV被害者／女性相談支援機関に加え，地域保健，障害福祉分野などにおいてさまざまな仕事をしてきました。そして，今思えばどの現場でも，DV被害者（と思われる人），DVのなかで生きる子ども，DVの影響を受ける子どもや若者，DV加害者（と思われる人），DVを経験する家族に，直接的・間接的に出会っていました。

　婦人相談所でDV被害者の一時保護に携わった経験から，DV被害者支援について大学院で研究することになり，DV被害者のインタビュー調査の分析から，被害者の経験プロセスを示した研究と自身の支援者としての経験を行き来するなかで，被害者に対する支援方策が次第に整理できていきました。

　そして7，8年前に，DVと子ども虐待の交差，子どもを含む包括的支援の実践研究の扉を開きました。この扉を開ける大変さはわかっていました。大人の被害者と子どもの被害者，そして加害者という当事者がいる，大人の被害者がみな加害者と別れることを望んでいるわけでもない，望んだとしてもそれを難しくする加害者の行動がもたらすダメージと，被害者を支える社会システムの弱さがある。生育家庭が安全でないこと，強圧的コントロールにさらされる子どもへの影響が甚大であること，一方で，子どもの母親と父親それぞれへの思い，そして家族への思いはそれぞれであり，複雑である。さらに，何らかの機会があれば行動を変えることができる加害者もいるかもしれない，でもそれが難しい加害者もいる。そうした現実のなかで，暴力と虐待という決して容認できない問題の解決，被害を受けている人の安全・安心を探求することは，どう考えても単純ではない課題です。さらには，子ど

も虐待に焦点を移したとき，被害者である親を守れない，責めてしまう引力に引っ張られる（「守ることの失敗」アプローチに加担してしまう）のではないか，大人の被害者の味方であろうとするなかで権利を守られるべき子どもが守れないのではないかという恐れを抱いていました。

　しかし探求を続けるなかで，いくつかのすぐれた海外の知見や実践に出会い，筆者自身のもやもやに言葉を得ることができ，身震いするような経験を何度もしてきました。日本と海外とでは制度も社会システムも違う，という声を聞くこともあります。違いがあることは確かです。しかし，人が人を無力化し，支配する際の行動は世界共通です。そこで起こる被害者の心理や影響も共通です。そして，支援者や専門家が陥りやすい思考や，好ましいとはいえない対応も共通しているのです。日本に数十年先行して探求されてきたいくつかの理論と言葉は，日本の実践現場に「メガネ」と「引き出し」を与えてくれると実感しています。

　このような背景から，今まさに最前線で奮闘している実践者，スーパーバイザーとしてケースをマネジメントしたり，管理職として組織やチームを支えたりしている人と共有したいことを本書では紹介しました。筆者自身が学びの途上です。まだまだ書きたいこと，共有したいことがあります。本書の記述を読んで未消化な印象を受けたり，「実際はそんなに簡単ではない」という思いをもたれる方もいると思います。今後も知見を積み上げていきたいと思っていますので，ぜひ実践で活用いただき，フィードバックをいただき，ともに取り組み考えていく支援者や専門家が増えれば嬉しく思います。

　本研究の基盤となったのは，間違いなく多くのDV被害者，子どもとの出会いです。この本が当事者の「力」の一助となることを願っています。また，自身の経験を語り，調査に協力してくださったDVサバイバーのみなさまに感謝します。

　この間の実践研究および本書の執筆にあたり，多くの人に支えられました。岡本正子先生（元・大阪教育大学），小川衛子所長（大阪府子ども家庭センター），山中京子先生（大阪府立大学名誉教授），大石由美子さん（元兵庫県職員）には，本文

を丁寧に読んでいただき，ご意見をいただきました。また本書は，DV 被害者と子どもの支援実践研究会（FaV-RIC 実践研究会）の積み重ねなしにはありえませんでした。ここでの知見の一部は，研究会での翻訳と議論，また子ども虐待防止学会での報告に依拠しています。研究会の共同代表である薬師寺順子所長（大阪府子ども家庭センター），実践研究の先輩として筆者を導いてくださる岡本正子先生，現場の葛藤も含め共有できる実践者であるメンバーのみなさまに感謝します。

　加えて，海外の知見を研究に盛り込むにあたり日本語訳の校正に協力いただいた NPO 法人いくの学園，山内圭先生（新見公立大学），岡田志保さんに感謝します。さらに，日本からの連絡は初めてだよと，Safe & Together の知見を日本に紹介することを喜び，さまざまなオーダーに誠実に応じてくださる Safe & Together Institute のデイビッド・マンデル氏に感謝します。マンデル氏の著書 *Stop blaming mothers and ignoring fathers: How to transform the way we keep children safe from domestic violence* (2024) は現在日本語に翻訳をしています。日本のみなさまと共有できる日を楽しみにしています。

　そして，本書の編集を担当くださった日本評論社の木谷陽平さんに感謝します。実践者に有用な本をと，読者の視点から適切なコメントと助言をいただき，なかなか筆が進まない筆者を支えてくださいました。

　本書は，2018〜2023 年「日本学術振興会（若手）DV 被害者のソーシャルワークの支援理論の構築と研修プログラムの開発」，2020 年〜「日本学術振興会（基盤 C）市配置婦人相談員の DV 等困難な状況の女性への支援実態と市町村での支援のあり方研究」，2022 年〜「日本学術振興会（基盤 B）DV・児童虐待併存ケースの子ども家庭福祉等実践モデルと専門職育成に関する研究」による研究成果を含みます。共同研究者である岩本華子先生（神戸市看護大学）および研究にご協力いただいたみなさまに感謝いたします。

　専門家と支援者による実践のなかで，本書が大人と子どもの被害者の安全・安心を高め，また未来を導く光となることを願っています。

2024 年 10 月　増井香名子

引用文献

Bancroft, L. (2004). *When dad hurts mom: Helping your children heal the wounds of witnessing abuse*. G.P. Putnam's Sons.

Barlow, C., Walklate, S., Johnson, K. et al. (2019). Putting coercive control into practice: Problems and possibilities. *Br J Criminol* 60: 160-179.

Blackburn Center (2015). Situational violence versus domestic violence. (https://www.blackburncenter.org/post/2015/11/04/situational-violence-versus-domestic-violence)

Capacity Building Center for States (2017). Domestic violence and the child welfare professional: Tips for documentation. (https://capacity.childwelfare.gov/states/resources/domestic-violence-child-welfare-professional-documentation-tips)

Capacity Building Center for States (2018). Child protection in families experiencing domestic violence (2nd ed.). (https://cwig-prod-prod-drupal-s3fs-us-east-1.s3.amazonaws.com/public/documents/domesticviolence2018.pdf) (https://resourcecentre.savethechildren.net/document/child-protection-families-experiencing-domestic-violence-2nd-ed/)

Capacity Building Center for States (2018). Child protective services: A guide for caseworkers. (https://capacity.childwelfare.gov/states/resources/guide-for-caseworkers)

Child Welfare Information Gateway (2020). What is child welfare? A guide for domestic violence services advocates. U.S. Department of Health and Human Services, Administration for Children and Families, Children's Bureau.

Children's Administration Washington State Department of Social and Health Services (2010/Revised 2016). Social worker's practice guide to domestic violence. (https://wscadv.org/resources/social-workers-practice-guide-to-domestic-violence/)

Fontes, L.A. (2015). *Invisible chains: Overcoming coercive control in your intimate relationship*. Guilford Press.

福原眞知子，アレン・E・アイビイ，メアリ・B・アイビイ (2004).『マイクロカウンセリングの理論と実践』風間書房

早樫一男編著 (2016).『対人援助職のためのジェノグラム入門 ―― 家族理解と相談援助に役立つツールの活かし方』中央法規出版

Home office (2015). Controlling or coercive behaviour in an intimate or family relationship statutory guidance framework. (https://assets.publishing.service.gov.uk/media/64c28b02331a650014934d11/Controlling_or_coercive_behaviour_-_statutory_guidance.pdf)

Hunter, E.C., & Graham-Bermann, S.A. (2013). Intimate partner violence and child adjustment: Moderation by father contact? *J Fam Violence* 28: 435-444.

岩本華子，増井香名子 (2020).『調査報告書　DV 被害者調査からみる被害者と子どもの経験 ―― DV 被害者支援の実態に関する調査より』(未公開)

加茂登志子（2020）．『1日5分で親子関係が変わる! 育児が楽になる! PCITから学ぶ子育て』小学館

加茂登志子（2021）．「DV被害者の精神健康状態を見立てるということ」『こころの科学』219: 17-22.

Katz, E.（2022）. *Coercive control in children's and mothers' lives.*（Interpersonal violence series）. Oxford University Press.

Kelly, A.（2023）. *Gaslighting recovery for women: The complete guide to recognizing manipulation and achieving freedom from emotional abuse.* Zeitgeist.（野坂祐子訳〔2024〕．『ガスライティングという支配 —— 関係性におけるトラウマとその回復』日本評論社）

子どもの虹情報研修センター編（2023）．『手に取るように家族がわかるジェノグラム描き方と活用のコツ（第3版）』（https://www.crc-japan.net/wp-content/uploads/2021/03/genogram_202204.pdf）

Mandel, D., Mitchell, A., & Mandel, R.S.（2021）. How domestic violence perpetrators manipulate systems.（https://safeandtogetherinstitute.com/how-domestic-violenceperpetrators-manipulate-systems/）

Mandel, D.（2024）. *Stop blaming mothers and ignoring fathers: How to transform the way we keep children safe from domestic violence.* Legitimus Media.

増井香名子（2011）．「DV被害者は，いかにして暴力関係からの『脱却』を決意するのか ——『決定的底打ち実感』に至るプロセスと『生き続けている自己』」『社会福祉学』52: 94-106.

増井香名子（2012）．「パワー転回行動 —— DV被害者が暴力関係から『脱却』する行動のプロセス —— 当事者インタビューの分析より」『社会福祉学』53: 57-69.

増井香名子（2016）．「関係離脱後のDV被害者の生活再生プロセス —— ソーシャルワーク支援の位置づけの必要性」『社会福祉学』57: 29-42.

増井香名子（2017）．「DV被害経験からの『回復』と経験への意味づけ —— 当事者インタビューの分析からみえた心的外傷後成長（PTG）」『社会福祉学』58: 55-66.

増井香名子（2019）．『DV被害からの離脱・回復を支援する —— 被害者の「語り」にみる経験プロセス』ミネルヴァ書房

増井香名子（2021）．「DV被害者の心理と経験過程 —— 共通性と支援の視点」『こころの科学』219: 36-41.

増井香名子（2022）．面接ツール「あなたへのメッセージ 大切なあなたのために 絵と図でみる・知るDV」（未刊行）

増井香名子，岩本華子（2022）．「DV被害者である親が経験する子育ての実態 —— 当事者インタビューの分析から児童福祉実践への示唆」『社会福祉学』62: 72-85.

増井香名子，岩本華子，鄭丞媛（2024）．「DVサバイバーの心理的・精神的経験 —— 心的外傷後ストレス障害と心的外傷後成長の両者に着目して」『社会福祉学』64: 14-29.

増井香名子，丸橋正子，加藤典子他（2016）．「婦人相談所一時保護からみるDV被害者とその子どもの実態 —— 社会的養護としてのDV被害母子の支援への視点」『子どもの虐待とネグレクト』17: 400-407.

Mederos, F.（n.d.）（2004）. Accountability and connection with abusive men: A new child protection response to increasing family safety.（https://www.futureswithoutviolence.org/userfiles/file/Children_and_Families/Accountability_Connection.pdf）

Minnesota Department of Human Services（2021）. Minnesota's best practice guide for the co-occurrence of child maltreatment and domestic violence.（https://vawnet.org/material/minnesotas-best-practice-guide-co-occurrence-child-maltreatment-and-domestic-violence）

内閣府男女共同参画局（2023）．「配偶者暴力加害者プログラム 実施のための留意事項」（https://www.gender.go.jp/policy/no_violence/e-vaw/kagaisya/index.html#chousa）

内閣府男女共同参画局（2024）．「男女間における暴力に関する調査報告書」（https://www.gender.go.jp/policy/no_violence/e-vaw/chousa/r05_boryoku_cyousa.html）

Oregon Department of Human Services (2016). Child Welfare Practices for Cases with Domestic Violence.

Oregon Department of Human Services (2016). Domestic Violence and the 6 Domains.

Relationships Australia (2021). Safe from violence: A guide for women leaving or separating. 2nd ed. (https://www.relationshipsvictoria.org.au/media/a42pzi0u/safe-from-violence-booklet-2021.pdf)

Safe & Together Institute (2017). Domestic violence survivors' parenting strengths. (https://safeandtogetherinstitute.com/wp-content/uploads/2023/02/DVIResearchBriefing_Parenting-Strengths_2017_web.pdf)

Safe & Together Institute (2018). Glossary of Terms.

Safe Start Project Multnomah County (2015). Strategies DV Survivors Use to Protect their Children.

Sarkis, S.M. (2018). *Gaslighting: Recognize manipulative and emotionally abusive people-and break free.* Da Capo Lifelong Books.

佐々木大樹 (2023). 『暴力を手放す ―― 児童虐待・性加害・家庭内暴力へのアプローチ』 金剛出版

Spears, L. (2000). *Building bridges between domestic violence organizations and child protective services.* National Resource Center on Domestic Violence.

Stark, E. (2007/2nd ed.2023). *Coercive control: How men entrap women in personal life.* Oxford University Press.

春原由紀編著, 武蔵野大学心理臨床センター子ども相談部門著 (2011). 『子ども虐待としてのDV ―― 母親と子どもへの心理臨床的援助のために』 星和書店

Sweet, P.L. (2019). The Sociology of Gaslighting. Am Sociol Rev 84: 851-875.

髙野嘉之 (2020). 「DV加害者臨床の概要」 NPO法人リスペクトフル・リレーションシップ・プログラム研究会 (RRP研究会) 編著 『DV加害者プログラム・マニュアル』 金剛出版 , pp.14-21.

宅香菜子編著 (2016). 『PTGの可能性と課題』 金子書房

Tedeschi, R.G., & Calhoun, L.G. (2004). Posttraumatic growth: Conceptual foundations and empirical evidence. *Psychol Inq* 15: 1-18.

増井香名子（ますい・かなこ）

日本福祉大学社会福祉学部准教授。大阪公立大学客員
研究員。大阪府立大学大学院人間社会学研究科社会福
祉学専攻博士後期課程修了。博士（社会福祉学）。社会福
祉士，精神保健福祉士，公認心理師。大阪府の社会
福祉職を経て2021年より現職。2022年からは，子
どもが関係するDVへの対応を変革するためのSafe &
Togetherモデルの紹介に取り組む。著書に『DV被害か
らの離脱・回復を支援する —— 被害者の「語り」にみ
る経験プロセス』（ミネルヴァ書房，日本ソーシャルワーク学会
学術奨励賞）がある。

DVと子ども虐待のソーシャルワーク
実践を変える視点と方法

2024年11月30日　第1版第1刷発行

著者　増井香名子

発行所　株式会社 日本評論社

〒170-8474　東京都豊島区南大塚3-12-4
電話：03-3987-8621［販売］
　　　03-3987-8598［編集］
振替：00100-3-16

印刷所　港北メディアサービス

製本所　牧製本印刷

デザイン　土屋 光（Perfect Vacuum）

検印省略　© Masui,k. 2024
ISBN978-4-535-56425-1　Printed in Japan

JCOPY《（社）出版者著作権管理機構 委託出版物》
本書の無断複写は著作権法上での例外を除き禁じられています。複写される
場合は、そのつど事前に、（社）出版者著作権管理機構（電話 03-5244-5088,
FAX 03-5244-5089, e-mail:info@jcopy.or.jp）の許諾を得てください。ま
た、本書を代行業者等の第三者に依頼してスキャニング等の行為によりデジタ
ル化することは、個人の家庭内の利用であっても、一切認められておりません。

ガスライティングという支配
―― 関係性におけるトラウマとその回復

- アメリア・ケリー＝著 ● 野坂祐子＝訳
- 定価 2,420円（税込） ● ISBN978-4-535-56428-2

関係性における権力を背景に、相手を情緒的に支配するガスライティング。その事例と、そこから脱け出すためのワークを多数紹介する。

トラウマインフォームドケア
―― "問題行動"を捉えなおす援助の視点

- 野坂祐子＝著
- 定価 2,420円（税込） ● ISBN978-4-535-56382-7

周囲を悩ませる「問題行動」の背景にはトラウマの存在がある。非難・叱責を安心・安全の提供へと変える対人援助の新たな視点。

子どもの「逆境」を救え
―― ACE（小児期逆境体験）を乗り越える科学とケア

- 若林巴子＝著
- 定価 1,870円（税込） ● ISBN978-4-535-56426-8

貧困、ネグレクトなど子ども期の逆境体験は、後の人生に大きく影響する。その実態と、レジリエンスを育み困難を乗り越えるケアを探る。

「助けて」が言えない
―― SOSを出さない人に支援者は何ができるか

- 松本俊彦＝編
- 定価 1,760円（税込） ● ISBN978-4-535-56379-7

「困っていません」と言われた時、あなたならどうしますか？　虐待、いじめ、自傷等、さまざまなフィールドから援助と援助希求を考える。

「助けて」が言えない　子ども編

- 松本俊彦＝編
- 定価 1,870円（税込） ● ISBN978-4-535-56424-4

さまざまな困難を抱えながらも容易に支援を求めない現代の中高生に関わる大人、そして本人たちへのメッセージ。

日本評論社
https://www.nippyo.co.jp